游戏打闹

培养孩子的自控力和抗挫力

[美] 安东尼·迪本德 [美] 劳伦斯·科恩 著 伍娜 译

中信出版集团 | 北京

图书在版编目（CIP）数据

游戏打闹：培养孩子的自控力和抗挫力 /（美）安东尼 · 迪本德,（美）劳伦斯 · 科恩著；伍娜译 . -- 北京：中信出版社，2022.4（2023.7 重印）
书名原文：The Art of Roughhousing
ISBN 978-7-5217-3946-6

Ⅰ . ①游… Ⅱ . ①安… ②劳… ③伍… Ⅲ . ①儿童教育—家庭教育 Ⅳ . ① G782

中国版本图书馆 CIP 数据核字（2022）第 027700 号

游戏打闹：培养孩子的自控力和抗挫力

著　　者：[美] 安东尼 · 迪本德　[美] 劳伦斯 · 科恩
译　　者：伍娜
出版发行：中信出版集团股份有限公司
（北京市朝阳区东三环北路27号嘉铭中心　邮编　100020）
承 印 者：北京中科印刷有限公司

开　　本：710mm × 1000mm　1/16　　印　　张：12.5　　字　　数：162 千字
版　　次：2022 年 4 月第 1 版　　印　　次：2023 年 7 月第 4 次印刷
京权图字：01-2016-1930
书　　号：ISBN 978-7-5217-3946-6
定　　价：49.00 元

目录

Contents

安 全 警 示

打闹游戏乐趣多，却也存在一定风险。换句话说，正因为有一点儿风险和刺激，它才格外好玩。

如果你打算常常和孩子玩打闹游戏（就像我们一样），你应该有思想准备：受伤是无法绝对避免的。

这样说吧：任何人的童年都不可能百分百远离磕碰，重要的是，在这个过程中，我们学会了拍拍身上的灰尘重新站起来，通过积累经验和自信，变得更熟悉也更擅长掌控我们的身体。

当然，作为成年人，我们有责任监护好孩子，让磕碰、擦伤之类的意外带来的伤害降到最低程度。我们希望你尽情投入打闹游戏中去，享受它带来的乐趣，但同时也不失对常识的冷静判断。比如，如果你的孩子还太小，不能玩“床垫漂流”游戏（见 152 页），就不要勉强，要多花些时间等他长大。或者，你的力气太小，把行李放进机舱行李架都费劲，那就不要轻易尝试“驾驶热气球”的游戏（见 50 页）。

本书出版方和作者声明，每个家庭和孩子都有特殊性，书中内容无法完全照顾到各种特殊情况下的变化。我们不鼓励任何超出常识范围外的冒险行为，同时声明，对任何声称因本书内容、建议、操作指南造成的损伤和损失，概不承担法律责任。我们再次强烈建议您，游戏过程中始终遵循一般运动法则及生活常识。

安全提示到此为止。准备好了吗？我们要动起来喽！

序言 1

安东尼

从小到大，我都习惯于和父亲之间的肢体交流。虽然我们很少亲热地拥抱在一起，但撞下胳膊、击个掌、熊抱一下之类的互动方式，我们还是很习以为常的。也许对我父亲而言，这是最自然的爱的表达。直到今天，我们见面打招呼，还偶尔会轻轻捶打对方两拳。

时光飞回到 2007 年，我也当爸爸了。有一次，朋友大卫·福乐林一家来找我们一起过周末。无意间，我们和孩子自然地追逐、打闹起来，甚至在地上滚来滚去，就在这时，我脑子里突然冒出一个问题：不知道有没有人专门写过“打闹游戏”的书呢？它肯定能为有孩子的家庭带来很多欢乐！

第二天，我立刻上网搜索，结果却一无所获。我很快投入有关“游戏”的研究中，而与此相关的很多研究都证实了我的直觉：打闹游戏，能给孩子的身心健康带来很多好处。随着我对打闹游戏的科学性越来越了解，我意识到，我必须找一个该领域的专家，帮助我一起完成这个主题的写作。就在此时，一本名叫《游戏力：笑声，激活孩子天性中的合作与勇气》的书进入我的视野，它的作者是一位专攻游戏治疗的心理治疗师——劳伦斯·科恩博士。该书中有一个章节专门讲述“打闹游戏”，我非常喜欢，于是我很快和科恩博士取得联系，并说服他和我并肩作战，一起完成这本书。

如果你正在寻找一本让你的育儿生活充满活力的书，那么我想你找到了。就像我母亲常说的：“养孩子没有回头路可走。”所以现在就赶紧玩起来吧！

序言 2

科恩

和安东尼不同，我是慢慢“学着”玩打闹游戏的。因为从小我爸爸不喜欢打打闹闹，而我的三个姐姐当然也不会喜欢。

从前，对我而言，“打闹”意味着面对比我高大强壮又不讲理的对手时，我不得已只能把身体里的小恶魔逼出来以自我保护。所以，在我女儿还小时，我一直回避打闹游戏。

但父母对孩子的爱，真的无坚不摧！除了对女儿的爱，我想不出其他任何理由，足以强迫我硬着头皮陪女儿玩打闹游戏。当我发现女儿艾玛和别人玩打闹游戏有多快乐时，我告诉自己：必须加入进去！

很快，我成为打闹游戏的追随者，并开始向大家介绍这个理念。然后……养孩子，意味着挑战随时触手可及，对吗？

艾玛进入青春期后，我们减少了打闹游戏的时间（但从未完全停止过），但不久后我又面临着另一个全新的挑战。

随着我的继子、10 岁的杰克的到来，我发现自己不得不重新梳理打闹游戏的玩法，而与之前最大的不同竟然是，我得学会保护自己。杰克每一次都全力以赴，我们必须尽情玩到尖叫他才觉得尽兴，这种场面的激烈程度甚至让他妈妈都望而却步。

我建议，如果你对打闹游戏有任何犹豫，请翻开这本书，它会是很好的向导。如果没有，也请接着读下去，你会跟随它体验到打闹游戏带来的狂欢！

译者序

去年暑假，我带 5 岁的女儿参加了几次“游戏力工作室”组织的“游戏集市”。几位游戏老师带着事先准备好的打闹游戏，在集市里各支一摊，欢迎对这些游戏感兴趣的孩子们。有的孩子非常专一，始终在一间游戏教室里重复玩一个游戏。但更多的孩子像我女儿一样，乐此不疲地在不同教室间穿梭，尝试着他们好奇又喜欢的各种游戏。每一次活动结束，女儿都迫不及待地跟我约定：“妈妈，下次你还带我来这里好吗？”

我的女儿从小慢热、害羞，面对不熟悉的成年人（尤其是成年男性）时，她总是保持敬而远之的态度。但就在这几次活动之后，她开始有一些让我惊讶的变化。比如和成年人打招呼时，她明显变得更加放松和大胆。有一天，她居然主动把自己挂在一位并不熟悉的叔叔的胳膊上，扮演小猴。连她好朋友的爸爸都跑来对我感叹：“以前跟你闺女说话，她都不搭理我，最近怎么开朗了这么多？刚才她居然跑过来胳肢我！”

虽然以前从理论上知道，打闹游戏能帮助像我女儿这样的孩子放松神经，让他们更勇敢地去探索那些他们好奇却又有点儿害怕的未知事物（包括人与人之间的关系），但当我亲眼看到，在这么短的时间里，竟然可以发生这么大的变化时，还是有一种不可思议的感觉。

于是，我特地找来 *The Art of Roughhousing* 这本书。记得李岩老师（“游戏力工作室”的创始人）之前跟我提过这本书。几乎只用了两天时间，我就迫不及待地看完了整本书，并向李岩老师提议，能不能把这本书翻译出来？

虽然大多数父母对于“打闹”这个概念并不陌生，但如果把“打闹游戏”当成养育孩子的重要方式，恐怕难免会在心中打个问号。即使看到孩子们本能地发起一些打闹活动，我们这些在传统教育下成长起来的父母，也早已习惯否定这种游戏方式：“整天打打闹闹有什么意思啊？不能好好玩吗？”然而，这本书却从当今世界许多前沿的科学研究入手，明确指出打闹游戏对孩子智商、情商、社交商等多方面的帮助。除了能让更多父母了解打闹游戏对孩子的意义，这本书还可以帮助那些已经认可“游戏力”理念，正想着该怎么和孩子玩起来的父母，找到更多的游戏方法和灵感。

最终，我如愿以偿地得到“游戏力工作室”成员的一致同意，并开始着手翻译这本书。但是，正当我借着翻译的机会，更加细致地揣摩和学习书中的内容时，却发现了当初粗略阅读时没有留意到的问题：

●书里推荐的游戏中，有相当一部分像体能训练，感觉不够好玩和生活化。孩子能对这样的游戏感兴趣吗？

●游戏步骤太明确，如果完全按照说明去玩，是否会让游戏失去灵活性？而且从步骤中可以看出，游戏有一定难度，父母会不会不愿轻易和孩子尝试？

幸运的是，在翻译的过程中，我能够与“游戏力工作室”的游戏老师王琪一步步实践这些游戏。她和孩子们经过不断尝试总结出来的游戏经验，给了我很大的启发。另外，在本书出版之前，我们和本书作者之一——科恩博士，恰好有一次面对面交流的机会。我趁机向他提出了这些疑问，他的解答也让我对这本书有了更深的理解——

1. 只要我们把孩子带入他感兴趣的游戏场景，即便是偏重体能的游戏，也可以变得很有趣。

我们可以加入一点儿想象力，帮助孩子完成一个游戏场景的构建。比如玩“独轮手推车”（见 34 页），如果我们对孩子说，你趴在地上，我来推你向前走，他可能不感兴趣。但如果我们说：“我要推着我的小推车去逛超市喽！一层是好吃的零食，二层是各种玩具。咦？我怎么找不着小推车呢？”相信他会非常乐意趴在你面前，当你的小推车。其实，书中许多游戏都提供了“如何把孩子带入游戏场景”的线索，我们可以参考使用，或者根据我们自己对孩子的了解，借助孩子感兴趣的话题、故事或场景引导孩子进入游戏，而不是直接对孩子说：“我们来玩一个‘骑士决斗’的游戏”，或者“我们练习一下‘猫跳’的动作吧！”

2. 有一定难度的游戏，更利于帮助父母和孩子调到同一频道。

本书中配图游戏部分，由另一位作者安东尼完成。科恩说，起初他也曾经有过怀疑，这些游戏的玩法太具体、太明确，会不会让游戏变得非常刻板？但后来，在他们联合主办的打闹游戏工作坊，科恩完全打消了顾虑。因为他发现，这种有固定程式的游戏非常受孩子们欢迎。一来，其实孩子们很喜欢有一定套路的游戏，他们喜欢在一遍遍的重复中享受刺激、体会每一次微妙的差异。二来，相比角色扮演、夸张扮笨之类随性的游戏互动，这些游戏有一定难度，需要按照说明一步步进行，因此对父母和孩子的考验更大。

他们必须把自己调整到和对方同频状态，才有可能配合好，从而完成动作。而调频的过程，恰好为联结提供了很好的机会。

就像科恩博士说的，游戏可以帮助我们和孩子调到同一频道，当你和孩子之间真的实现了高质量的联结和同频时，你会惊奇地发现，原来你们可以一起完成这么多挑战。而这会给你和孩子都带来巨大的信心：对自己的信心、对对方的信心以及对你们之间亲密关系的信心。

第 1 章

打闹游戏的意义

很难用言语形容真实生活中的游戏状态。

但几乎所有哺乳动物在玩耍时都给人这样一种印象：

不失分寸的兴奋，充满活力的打闹。

——

雅克·潘克塞普博士（Jaak Panksepp），

《情绪神经学》（*Affective Neuroscience*）

你一定见过不少打闹游戏：摔跤、枕头大战、从床上跳下、顺着楼梯扶手下滑……而这本书还将为你提供更多的打闹游戏，不过在此之前，我们必须先弄清楚这种貌似原始、毫无章法的游戏背后的奥秘。

到底什么是“打闹游戏”？它究竟能为你和孩子带来什么？

打闹游戏，是一种可以随时跟随状态变化、即兴又充满快乐的游戏。它能让我们忘记时间的流逝，以及不自觉中一贯保持的刻板形象。由于是体能运动，它还有助于保持身材、保护身体健康，以及释放压力。

打闹游戏互动性很强，父母和孩子很容易在游戏中建立亲密联结，尤其是当我们愿意和孩子们一起坐在地板上，随时准备加入他们那个朝气蓬勃、充满幻想的世界时。最重要的是，打闹游戏看似混乱却没有真正的危险。只要我们排除安全隐患，尽情地参与打闹游戏，就会把每个人身体里的创造力和生命活力都激发出来，让我们走出压抑、僵化的生活状态。

有肢体接触、互动性强的打闹活动，始终是动物王国最受欢迎的游戏。所有哺乳动物和许多非哺乳动物都钟情于打闹游戏。大家通过电视节目都看过小狮子互相追逐、扭打在一起的玩耍场景，但你知道吗？包括大象、鲸甚至蚂蚁在内的很多物种，也都喜欢这种游戏方式。

研究打闹游戏背后的科学性的第一人是哈利·哈洛（Harry Harlow）。20 世纪五六十年代，他在美国威斯康星大学开展了一系列著名的、研究幼年恒河猴的实验。哈洛注意到，猴子们经常打闹、嬉戏。

在哈洛工作的时代，许多科学家还没有把游戏、玩耍当成一个严肃的研究课题，但哈洛走在了前面，他记录下猴子们玩耍时的大量细节。比如他发现，猴子经常做一个鬼脸：咧开嘴，露出牙齿。这个表情对人类来说有点儿恐怖，但对它的同类来说，这却是“我们一起玩吧”的信号。

受哈洛的启发，之后人类行为的观察者和研究者们渐渐发现，人类发起打闹游戏的过程和恒河猴十分相似。比如一个孩子想和别人追追打打一起玩时，也会做鬼脸，同时伴随着微笑或大笑的表情，以此向对方示意：“我只是想和你闹着玩，不是真的想打架。”而且，打闹游戏中的孩子也会像猴子一样尽情跑跳、相互追逐、假装逃跑、跌倒或对抗。游戏中主动攻击的一方，通常会展开手掌（而不是握紧拳头），有意降低攻击性。另外，游戏中“攻击者”和“被攻击者”的角色也会轮换，孩子或小猴子会自发轮流当追逐者或被追逐者、强势的一方或弱势的一方。

只可惜，如今很多家庭里已经没有了打闹游戏的踪影。我们对安全问题的过度重视，让很多父母更加在意孩子磕碰的膝盖、受伤后的泪水，而因此忽略了更大的风险——贫瘠的创造力和人际互动的冷漠。令人震惊的是，如今一些美国学校居然连操场都没有。

有些父母担心，经常打闹会让孩子变得更淘气、更冲动、攻击性更强，从而陷入一种毫无规矩、混乱无序的互动习惯中，有些父母甚至担心孩子会因此患上注意缺陷多动障碍（ADHD）。事实恰好相反，禁止这类游戏反而更容易招致不良后果。比如天生喜欢和孩子嬉戏、打闹的爸爸们逐渐被边缘化，被排挤出养育圈。他们似乎只能向妈妈的养育方式靠拢，给孩子读温馨的故事，而不敢痛快地和孩子打闹一番。科技的飞跃也带来了障碍，孩子们花在屏幕上的时间越来越多，户外时间却越来越少。

即使在没有盯着电视、电脑的时候，孩子们也面临着另一种风险——被过度安排和保护。孩子的玩耍时间被成人组织、安排和干预的各种活动占据着。当然，孩子的时间需要父母参与做一些安排，但这不表示，它们可以占用孩子所有自由玩耍和打闹的时间。否则的话，这根本不叫“孩子玩”，而是“孩子被成人玩”。

这就是打闹游戏目前面临的窘境。不过，幸好我们这些忠实的追随者不会任其自流，如果能说清楚打闹游戏的意义，让大家重拾对它的信心，这实在是一件让人兴奋的事情。

游戏，尤其是互动性强的体能游戏（比如打闹游戏）会让孩子变得更聪明、情商更高、更受欢迎、更有同理心、身体更健康，也更快乐。

这并非夸大其词。打闹游戏能激活身体和大脑的多个部位，如调控情绪的杏仁体，处理复杂运动技巧的小脑，负责认知和决策的前额皮质……因此，每一次打闹游戏绝不仅仅只对身体有益，它甚至通过对大脑发育的影响，促使一些宝贵品质的形成：合作、责任、正直、诚实、善良。

打闹游戏，提高智商

动物行为学家发现，越聪明的物种，其幼崽玩打闹游戏越频繁。因为在打打闹闹中，大脑会分泌“脑源性神经营养因子”（BDNF）。正如玛戈·森德兰（Margot Sunderland）在他的《科学育儿圣经》（*The Science of Parenting*）中写到的，“脑源性神经营养因子”会滋养大脑，促进大脑皮质和海马体中神经元的生长，而这两个区域负责的都是高级学习能力、记忆力以及更复杂的大脑行为，如语言表达和逻辑推理。总之，游戏会让动物变得更聪明。

当孩子和父母玩打闹游戏时，他大脑中的多个区域被激活，包括负责运动协调、创造力、情感依附能力的神经通路。而神经通路的打开、脑细胞之间联结的增多，几乎等同于智力提高。

从另一个角度看待游戏和智力之间的紧密联系，也合情合理。评测一个人智力水平的重要方式是观察他在新的陌生环境中的反应。现实世界无比复杂，人不可能通过记住一些解决方案，来应对复杂世界可能出现的种种难题。就像马克 · 贝科夫（Marc Bekoff）和杰西卡 · 皮尔斯（Jessica Pierce）在他们合著的《荒野中的正义：动物的生存道德》（*Wild Justice: The Moral Lives of Animals*）中描述的那样，打闹游戏能训练哺乳动物应对各种不确定性，让它们大脑的应变能力、学习能力更强。小到蚂蚁，大到北极熊都如此，更不用说人类的孩子。比如，在和爸爸妈妈玩打闹游戏的过程中，孩子能够渐渐学会一些抽象而复杂的概念（如信任）。

打闹游戏让孩子变聪明的结果之一是，他将来更容易取得好的学习成绩。比如亲子间肢体互动游戏带来的快乐，就能提高孩子语言学习的效率。明尼苏达大学心理学教授安东尼 · 佩列格里尼（Anthony Pellegrini）曾指出，孩子在户外运动场所的表现（包括他们和同伴打闹时的表现，以及参与游戏的频繁程度），甚至比在幼儿园的成绩更能准确预示他们一年级的学业表现。佩列格里尼发现，普遍来说，自由玩耍特别是自由打闹，会从整体上提高孩子在校的各种表现，从考试分数到与同龄人交往的能力。

既然打闹游戏对孩子的在校表现有这么多好处，那么一个显而易见的问题就出现了：为什么美国那么多学校都明令禁止身体接触呢？

2009 年 3 月，在一次两名学生之间的冲突事件后，一位康涅狄格州校长发布了一条“禁止触碰”的规定。在“致家长信”中，校长写道：“鉴于最近发生的令人担忧的事件，本校禁止强拉、踢腹股沟、触碰隐私部位、拥抱、打闹等动作。禁止不必要的肢体接触，是为了保证所有学生的在校安全。”

我们觉得，学校出台这类管理条例是出于对“安全”概念的误解。没有人会纵容校园暴力事件，但如果遵从上面的规定，连击掌和拥抱都不被允许。

雅克·潘克塞普在他的《情绪神经学》中，曾揭示肢体互动游戏和学习之间的紧密联系。他写道：“在游戏中，动物们表现得更灵活，更有创造性。”他建议学校把打闹游戏作为孩子们辛苦学习的奖赏，甚至把它当成学习开始前的热身活动。孩子们得到的打闹游戏机会越多，注意力就越容易集中，就像和同伴玩耍的机会能激励老鼠更快地走出迷宫一样。潘克塞普还开出一个治疗注意缺陷多动障碍的“新奇”药方：尽可能多地玩打闹游戏！其意义不仅在于释放精力，而且有助于重塑孩子的神经系统，而神经系统的状态直接影响着孩子的注意力、自控力、行动力及持久力。

“打闹游戏，提高学习能力”的另一个原因是，它为孩子提供了一个“尽情犯错，却不用担心受罚”的空间。

谁不是在不断试错中收获成长呢？贝科夫和皮尔斯发现，无论哪个物种，玩耍时的犯错、越界都更容易被接受和原谅，尤其是双方年龄悬殊时。比如一只小狼在和妈妈打闹时，咬妈妈太重了，狼妈妈只是会温和地提醒一下孩子，然后继续游戏。也许，这正是哈利·哈洛观察到的“游戏鬼脸”的由来。游戏过程中，不管是动物还是人类，都需要时不时传达出这样的信息：“如果我不小心过分了，别生气，咱们是在玩呢！”在打闹游戏中，父母会对孩子破坏规则或过度攻击做出反应，但不会因此惩罚孩子。

并不是说，玩打闹游戏的孩子一定会变成天才，但既然它是刺激孩子智力发育的重要因素，就不应该被忽视。

打闹游戏，提高情商

聪明，绝不仅仅意味着好成绩、高分数。成功，更离不开的是情商。而游戏特别是打闹游戏就有助于提高孩子的情商。所以，当父母焦虑地问我们，怎样才能养育好一个孩子时，我们的答案通常都是：多玩！

情商，简单地说是管理自己情绪和识别他人情绪的能力。作为成年人，我们很容易理解它的重要性，但年龄小的孩子又普遍缺乏这种能力。这时，打闹游戏可以帮上忙。在一场适度的打闹游戏中，你和孩子不断经历情绪亢奋和冷静的循环，非常有助于孩子学习控制激烈情绪。另外，相比口头传授，在高质量的打闹游戏中，你和孩子频繁用眼神交流，并借此培养孩子读懂和在意他人感受的能力，其效率更高。

有时候，孩子会借助打闹游戏宣泄原来隐藏的负面情绪。当你觉得游戏进行得很顺利时，孩子可能会突然大哭起来，或者发脾气，甚至出现攻击行为（比如咬人）。

安东尼的女儿艾娃两岁左右时，就经历了一个爱咬人的阶段。每次正当他们玩得好好的时候，她都会毫无征兆地在安东尼腿上大咬一口。尝试过批评、教育无效后，安东尼决定后退一步，好好观察一下究竟发生了什么事情。后来他意识到，艾娃每次咬他，都是他在打闹中占了上风。另外，每当他回家的时间比女儿预期的要晚时，她会咬得更狠。看到爸爸回来，艾娃当然恨不得马上跟爸爸玩起来，但在游戏过程中，刚才焦急等待爸爸的失望感又会突然浮现出来，让她忍不住想咬爸爸。

有了这些发现，安东尼的解决办法变成：更多地陪女儿游戏，而不是禁止她咬人。如果他回家晚了，就会先自我检讨："爸爸回来这么晚，真是太过分了！谁对我不满，来我这排队啊！"艾娃听到这样的话，先是咯咯笑，然后就纵身跳到爸爸身上。安东尼还准备了一些干净的布条，一旦艾娃有咬东西的冲动时，它们就可以派上用场。通过惩罚消除孩子咬人的行为，不但效果不好，而且还会错失和孩子之间难得的游戏时光。弄清并疏通孩子行为背后隐藏的深层情绪，才是防止情绪爆发和破坏性行为的最好方法。

当我们保持镇定，准备好迎接所有情绪时，就是在为孩子的情绪提供一个安全又温暖的容纳空间。这样做，是培养孩子情绪管理能力的根本之道。安静地坐在孩子身边，倾听他的烦忧，就是我们能做的最好的事情。孩子会在这个安全的环境中，尝试一点点处理自己的情绪。渐渐地，孩子成功调控情绪的次数越多，他们处理情绪的经验和自信就会大大增加。

打闹游戏，提高社交商

很多父母都有一个共同的担心：怕孩子交不到朋友。而打闹游戏对于人际交往能力也是大有好处的。那些经常和小伙伴们打打闹闹的孩子，不仅身体更结实，社交技巧也更灵活。

打闹游戏和社交能力之间的联系，可以再一次从哈洛的恒河猴实验中看到。它们假装打斗，虽然在我们看来有点儿吓人，但哈洛却发现，这类活动对它们社会性的发展十分必要。事实上，如果小恒河猴没有和同伴打闹的经历，它们成年后甚至都没有办法交配。

打闹游戏能提高孩子社交能力的一个原因是，不管是友谊或是其他亲密关系，都需要用爱和关心来维护。这一点对男孩来说尤其重要，他们不擅长说出“我喜欢你”“我爱你”，并不代表他们没有自己的表达方式。汤姆·瑞德（Tom Reed）和马克·布朗（Mac Brown）多年来致力于“游戏”主题的研究，他们发现“打闹游戏是友谊和亲密关系的宣言”。如今，幼儿园老师总是提醒男孩“学会说出来”，但男孩们的本性就是用肢体互动和游戏来表达喜欢。是的，他们有时会越界，但更多的时候，他们懂得分寸。

佩列格里尼发现，同龄人中受欢迎的孩子很喜欢参与打闹游戏，常被排挤的孩子则更容易诉诸暴力。他在对大量学生进行采访后发现，人缘好的孩子很容易区分玩闹和真正的攻击，而被排挤的孩子却难以区分。所以，你和后者闹着玩时，他很可能捕捉不到准确的信息，因而误以为你想跟他打架。在这种情况下，你吃他一拳也就不是什么稀奇事了。佩列格里尼因此得出结论：打闹游戏对于提高孩子社交和解决问题的能力非常有帮助。

想成为一个受欢迎的孩子，他必须懂得轮换角色，以及读懂别人眼神中的信息。《荒野中的正义》中曾描述，动物们是如何在打闹游戏中遵循“轮换”原则的：一个当追逐者，另一个逃跑，然后互换角色。成年动物陪幼崽嬉戏时，也会不断变换成弱势角色。比如，成年狼会把自己的脖子和腹部暴露给小狼，而这是狼在真正的战斗中绝不可能做的事情。

佩列格里尼也描述了老鼠的类似行为：“如果两只老鼠经常在一起玩，它们之中很快会有一个占主导地位——更多的时候，它会把另一只老鼠压在身下。平均来说，占主导地位的老鼠 70% 的时间都能占上风，而相对弱势的老鼠只能有30%的时间占支配地位。但是，如果双方都想让游戏继续下去的话，它们就必须考虑互惠性，尤其是强势的老鼠要假装输掉和让步。”换句话说，如果强者坚持自己每一次都必须赢，那么弱者就会退出，游戏自然就结束了。

领导力或协商的一个重要原则是“双赢”：每个参与者都必须有所收获。而打闹游戏正是帮助孩子理解这类抽象概念的很好途径。如果你只是一味彰显自己的强大力量，那么你身旁可能会有被你震慑的追随者，但他们绝不可能是真正的朋友。《荒野中的正义》的作者贝科夫和皮尔斯还特别指出，在动物的世界里，“只有当大家没有其他目的，只想单纯游戏时，游戏才会发生。而此时，它们也会暂时把体形的差异、社会的等级放到一边。”一旦某个参与者的攻击性变得过强，它们就会终止游戏，只有等到大家都表示愿意重新进入，游戏才会再次开始。游戏带来的快乐，让动物（包括人类）愿意自动放弃争权夺势的诱惑，而享受互惠、友好带来的滋养。

打闹游戏，让孩子更有同理心和道德意识

贝科夫和皮尔斯认为，道德和伦理观念并不是人类的专利。许多动物都懂得分享、合作、同理、信任、互惠和遵守社会规范。更让人吃惊的是，研究发现，道德水平越高的物种，越热衷于游戏，特别是身体互动类游戏。除人类外，最爱玩游戏的是猴子、猩猩、啮齿动物（如老鼠）、犬科动物（如狗、狼）、猫科动物（如猫）、大象、鲸目动物（如鲸、海豚、鼠海豚）。这些动物为了理解和练习“荒野中的正义”，似乎花费了大量时间来游戏。

自我设障，是动物嬉戏时最能体现它们道德意识的表现之一。一个强大的动物遇到比自己弱小的对手时，会装傻扮弱，有意让着对方。它们对于游戏乐趣的在意大过赢得比赛。

在《游戏》（*Play*）一书中，作者斯图尔特·布朗（Stuart Brown）曾提到一个故事：

> 在加拿大北部，一头饥饿的北极熊遇到了一只雪橇犬。狗主人本以为，自己的狗马上会变成北极熊的盘中餐，没想到的是，雪橇犬摆出一副想和对方玩耍的姿势——伸长前爪，撅起屁股。这个姿势是犬科动物最常用的、“邀约玩耍”的信号之一。更令人难以置信的是，北极熊居然也接受了邀请。它迂回地慢慢靠近雪橇犬，而不是攻击状态下的直线逼近，这是给对方一个回应信息，表示：“我也愿意跟你玩！”北极熊不但没有猎杀雪橇犬，还和它玩了一个小时，在这段时间里，北极熊始终收敛自己力量上的绝对优势。第二天，它居然还回到了这里，继续和雪橇犬玩耍。

不过，这个故事最终还是以悲剧收场。北极熊最后还是显露出捕食者的本性，把雪橇犬杀死了。这让那些希望看到不同物种之间可以友好互动的人感觉震惊和失望。他们误以为，几次甜蜜的游戏时光，就能改变北极熊和雪橇犬之间“捕食与被捕食”的关系，甚至让它们成为朋友，而不只是一时的玩伴。这个误会倒也情有可原，毕竟这正是人与人之间友谊的产生过程。

尽管如此，布朗的故事还是给了我们启发：打闹游戏不但不会引发暴力行为，反而有助于阻止它的发生。他写道：“无论动物还是人类之间的打闹游戏，对于合作、公平、利他等社会意识的培养，都非常必要。它的重要性被多数人忽略了，尤其是焦虑型的父母，他们总是把打闹游戏看作需要自己介入的混乱状态，而不是孩子成长过程中必要的游戏。”布朗甚至提出，打闹游戏是控制攻击性的很好练习：“缺乏打闹游戏的经历，会影响孩子将来在社交中进退的分寸，以及对暴力冲动的控制。”

换句话说，我们陪孩子玩打闹游戏，正是向他示范“强者如何控制自己”的好机会。此外，我们还要教他自控、公平和共情。我们让他赢、给他自信，同时也要告诉他，赢不是唯一重要的事情，要让他明白合作的力量，以及如何引导竞争的欲望。我们信任他，也让他感觉可以信任我们、信任自己。这些良好的品质，将为孩子未来走入社会提供很好的行为向导。

打闹游戏，有益身体健康

打闹游戏对孩子身体的益处无须多说。试试“海豹突击队”（见168页）和“猫跳”（见170页），你就知道为什么不必再去健身房了。

不过，想特别提醒的是，身体健康不仅仅意味着强壮，它还包括复杂运动技巧的学习能力、灵活性、专注力、协调性以及身体控制力。本书推荐的游戏，有的需要极高的专注力和力量掌控能力，有的则对协调性、灵活性要求很高。不过，别担心。不管你或孩子，都不必等到将这些能力提高到完美水平后才开始游戏。找到你和孩子的极限，然后每一次游戏时，都试着把极限向前轻推一点儿就好。渐渐地你会发现，无论是你们的动作水平还是身体状态，都在变得越来越好。

并不是所有的运动都能带来相同的益处。佩列格里尼曾在他的《课间休息》（*Recess*）一书中，解释为什么体育课和课间休息时的运动不一样。看上去，两者都鼓励孩子在奔跑、运动中释放能量，但只有在课间的自由活动中，孩子们才享有更大的灵活性和主动权，也正因为如此，它才能起到提高学业成绩和社会交往能力的作用。所以，和孩子玩打闹游戏时，请牢记这一点：让它成为更自由、即兴的亲子互动，而不是按照成人设定好的程序来进行，否则，孩子的收获将大打折扣。

打闹游戏，带给孩子快乐

经常和孩子玩打闹游戏的父母，一定知道它能带来多少快乐。但得知游戏的吸引力原来植根于我们大脑中的时候，即便是我们这些游戏的坚定拥护者，也难免感到吃惊。

潘克塞普在《情绪神经学》中解释说，大脑的不同回路处理不同的任务：语言、记忆、风险评估、亲密以及玩耍。他发现，当哺乳动物负责玩耍的大脑回路被激活，尤其是被打闹游戏激活时，快乐的感觉就会产生。而任何可以带来快乐的事情，我们都会本能地重复它。这也是为什么，即使迷宫的终点没有食物，仅仅只有和同伴玩耍的机会，就能激励老鼠穿越迷宫。对此，贝科夫和皮尔斯总结说，游戏绝不仅仅是一件严肃的事，它更大的魅力在于：好玩！只要是动物，都能在独自玩耍或与他人玩耍的过程中，体验到深深的愉悦和快乐。

布朗留意到，天生爱玩的水獭也有类似的表现：

一个研究水獭的生物学家，决定训练水獭在水中穿越一个铁环，任务完成后给它们食物奖励。没想到水獭刚学会这个本领，便开始尝试自己的各种创意……倒着游过铁环，然后停下来看看有没有奖励。或者，按照规定穿过铁环后掉个头，换另一条路回到出发点。又或者，在穿越铁环的过程中突然停下来。每次玩出新花样后，它们都会充满期待地等着，这一次的“创意”会不会得到奖励?

很明显，水獭不断玩耍、探索的过程，并不全是为了得到食物，另一个很重要的动力是给自己找乐子。而正是这样一些有趣的尝试，让它们对这个世界的了解，比仅仅为了食物而只重复一个动作来得要多。

打闹游戏，成人也有收获

打闹游戏对孩子大脑发育大有好处，而成人的大脑同样需要不断练习。斯图尔特·布朗说：“即便是20岁以上的大脑，也不会停止进化。我们整个一生中，游戏都能促使大脑神经系统持续发展、优化……‘痴呆症’的相关研究表明，运动游戏能防止大脑衰退……智力游戏、有趣的运动以及其他形式的玩耍，都能有效对抗神经组织的退化。”所以，另一个把你从沙发上赶起来，和孩子一起游戏的理由就是——它有助于预防老年痴呆。

事实上，打闹游戏对孩子的好处，全部适用于成年人：提高我们的情商（如调整到孩子的频道），练习共情和做出更加互惠的决定（如收敛我们的力量，让孩子把我们打倒）……另外，互动性极强的运动游戏还是父母和孩子建立稳固、亲密、持久亲子关系的最好办法。显然，亲密关系对孩子来说非常重要，而它对成人尤其对爸爸而言甚至更加重要，因为大多数男人从小就缺乏与他人之间的亲密联结。作为爸爸，打闹游戏最吸引我们的地方在于，它从肢体互动开始却不止于此，它让我们的生活延伸到一些重要、我们却不熟悉的地方：感受、亲密、联结。

曾经有一个爸爸分享说，他经常和儿子一起去小树林或野地之类的地方，在那里他们感觉无拘无束，即使在灰尘或烂泥里把自己弄脏了也没关系，那反倒是一种尽情的释放。这样的经历让他意识到玩耍、游戏的意义，“我们一起踩水洼、溅烂泥、一起尖叫、一起唱歌，有时喋喋不休，有时默默不语。我们不需要刻意用语言填满空白的时间，因为不管有没有说话，玩耍时，我们之间的某种联系好像从未中断过”。

第 2 章

打闹游戏前的准备

不必为你的行为感到拘谨、焦虑。

人生即体验，越勇于体验，越接近真相。

泥地里行走，弄脏或弄坏了外套有什么大不了?

即使不慎跌倒，在泥地里打几个滚，又能怎样?

重新站起来，你将不再害怕跌倒!

——

拉尔夫·沃尔多·爱默生（Ralph Waldo Emerson）

很多人都没有阅读“使用指南”的习惯，但我们还是请你在开始打闹游戏之前，仔细阅读本章，了解打闹游戏的基本原则，以及一些可以立刻玩起来的热身活动。

联结与力量：打闹游戏的两大目标

一旦你熟练掌握打闹游戏的基本原则，便可以通过游戏向孩子传达这样的信息：这里欢迎你充分展现力量和自信，我会保证你的安全。我们还会因此变得更亲密，有更深的联结。

当我们花时间和孩子打打闹闹时，他会享受亲密。当游戏让孩子感觉到“爸爸妈妈和我是一伙的”时，他会收获自信。要抓住一切机会，鼓励孩子展现力量、积累自信。其中一个很好的办法是，在游戏中和孩子互换角色。让孩子扮演强者——怪兽、可怕的狗、给别人打针的医生……你则表现得特别“胆小”、“笨拙”甚至“无能”。扮演和日常生活相反的角色，会让孩子真实地感觉到自信、有力量，同时游戏带来的笑声也会释放之前累积的紧张情绪。在不知怎么办时，试试“跌倒”。成人跌倒，永远能引发笑声、给孩子带来自信，让孩子不再孤单地觉得只有自己是那个弱小、无助的人。

激发活力

打闹游戏，看起来只是单纯的肢体活动，但美国传奇棒球运动员约吉·贝拉曾说：“棒球运动中，95% 的部分离不开脑力劳动。”这其中就包括了参与者投入的旺盛精力和热情。有了它们，打闹游戏对孩子的吸引力，一定大过电视节目和电子游戏。

另外，也请留意你自己的情绪。你会总是担心有人受伤吗？当年你被哥哥欺负的画面突然浮现时，你是否会有不舒服的感觉？你是否疲惫不堪，只想躺到沙发上歇会儿？这些感受可能都是“你需要休息”或者“需要振作起来，投入游戏中去”的信号。如果知道自己是竞争意识非常强的人，你可能需要非常努力地收敛一部分本性。扮弱、让自己出丑，是为了让孩子体验到宝贵的自信和力量感。

不只为男孩准备

几乎所有孩子都喜欢打闹游戏，并从中受益，但男孩们参与此类游戏明显多于女孩。当然，一定也有玩打闹游戏的女孩，以及不玩打闹游戏的男孩。但根据佩列格里尼的观察，打闹游戏和孩子性别之间还是有着密切的关联。天生的激素不同是原因之一，后天的养育方式同样颇具影响。

相比女孩，男孩天生喜欢戏弄、推搡和攻击别人，即便在玩闹中也是如此。其中一个重要原因是，男孩超过三四岁，如果还用太直接的方式表达喜欢（比如对另一个男孩说“我喜欢你”），就很容易被人嘲笑。正因为这样，男孩更需要父母特别是爸爸给他示范没有攻击性的、友好的肢体互动方式。拥抱和打闹都不可缺少。

女孩则是另一种情况，她们擅长“关系攻击”：嚼舌根、翻白眼、摆黑脸……斯图尔特·布朗认为，女孩通过心理战威胁、排斥别人的刻薄行为，和男孩的攻击类似，都会阻碍游戏的进行，以及让别人受伤。而在健康的互动中，女孩们则会掌握分寸：怎样过头了？怎样能让大家以亲密收尾？

打闹游戏能帮助女孩们化解她们特有的“攻击”方式。不管你的女儿是受害者还是攻击者，都能从中受益，因为打闹游戏能让女孩们更直接地面对自己的感受。不是说，打闹游戏会让她们变得像男孩一样，不再背后说坏话，不高兴了就给朋友两拳，而是说需要展现力量的互动游戏会让女孩们更有自信，敢于表达自己的意见，以及适时站出来给朋友以支持。

我们相信，如果父母经常陪孩子玩打闹游戏，不管是男孩还是女孩，都会有所收获。所以，请让男孩知道，他在家里非常安全，无论是身体或是内心受伤，都随时可以扑进你的怀里大哭或得到你的拥抱。同时，也让女孩知道，她有充分的空间展示自己的力量，这样她将来走出家庭步入社会时会更加自信。

很多爸爸在女儿接近或步入青春期后，会尽量避免肢体接触。但请不要完全放弃打闹游戏（或拥抱），因为女孩需要在和爸爸的互动中学习了解，异性间与性无关的肢体亲密也非常重要。

首先调频，而不是突然袭击

当爸爸想和孩子游戏时，很容易犯一个错误：搞突然袭击。我们突然出现在孩子面前，把他扔向高空，或者把他翻过来、倒过去，兴奋得大呼小叫……有些孩子的确爱这个，也跟着兴奋得不行。有些孩子则会吓得叫停，然后爸爸会感觉受挫，甚至因此不愿再尝试和孩子游戏。还有的孩子讨厌这样玩，但会勉强自己接受，因为他们太渴望和爸爸亲密互动，却又没有其他机会。

相比突然袭击，更好的选择是，游戏前先和孩子调到同一频道。在抓起孩子、抛向空中或做翻转之前，先看看孩子的状态。他是不是还沉浸在缓慢、安静的状态里？也许你可以在他身边，先安静地陪他一会儿，然后再慢慢引导他进入活跃的游戏。充满活力和热情是一件好事——这正是本书的意图之一——但前提是，至少不能让孩子受到惊吓。

当然，大一点儿的孩子会期待偶尔的小刺激，但你仍然需要随时观察，孩子是不是真的喜欢。或者，有没有你想象中那么喜欢。当然，观察后你也可能发现，孩子期待的挑战和刺激比你想象的更多。

根据观察做出决定：孩子想要和需要多少刺激？然后通过降低音量、减缓动作、增加休息时间来降低刺激量，或者通过相反的做法来提高刺激量。总之，以孩子的情绪、表情为依据判断应对是否恰当。

提前安排好游戏时间

很多家庭容易犯一个错误：在孩子洗澡或者睡觉前玩打闹游戏。孩子在游戏过程中，情绪会呈现抛物线的状态，也就是说，一开始时平静，随着游戏的进行就慢慢兴奋起来，达到最高点后再慢慢冷却下来。如果你试图说服或勒令孩子赶快安静下来睡觉，那么你极有可能失败。孩子甚至会因为和你对抗，情绪变得愈加亢奋，直到情绪崩溃或者冲突爆发，他借机哭闹一番，才能完全平静下来。而这种不必要的冲突和麻烦，其实很容易避免。

观察一下你的孩子完成这个“抛物线”需要多长时间（大多数孩子要花 30~60 分钟），然后在游戏和吃饭、洗澡、睡觉之间留出足够的时间。

打闹游戏，适合有特殊需求的孩子

打闹游戏适合所有人，包括有特殊身体和心理需求的孩子。事实上，有特殊需求的孩子尤其需要打闹游戏，因为它是填补亲密感和自信的快速通道。儿童行为学家彼得 · 史密斯（Peter Smith）曾经说：“患有自闭症（autism）或阿斯佩格综合征（Asperger syndrome）的孩子，对需要想象力的‘假装游戏’没有兴趣，而且还会回避很多社交接触。但是，有一类社交活动他们很喜欢，就是温和版的打闹游戏，有时这需要成人主动发起。”根据孩子的不同情况，你需要把强度调整到适合他的程度。

要小心，但不要过于小心

保证打闹游戏的安全，主要依靠知识和练习。不过，事先准备得再好，仍然不可能百分之百避免发生小意外。孩子的关节（主要是手肘、手腕、膝盖、脚踝)，是在打闹游戏中比较容易受伤的部位，所以要特别留意和保护这几个地方。打闹游戏还可能会伤到头和脖子，做一些用到这些部位的动作时，要格外小心，特别是面对小婴儿时。总之，在放开来玩耍之前要多练习。

如果孩子的头撞到坚硬的东西上，你要观察他有没有变得昏沉、迷糊或者有呕吐倾向（必要时，半夜再确认一次）。如果你确定不了情况，就去医院请专业人士做检查。

最后，要保护自己的腹部免受突然袭击。因为缺乏常识或太兴奋，孩子可能会突然跳到你肚子上，而脾和胰脏面对这类冲击时非常脆弱，极易受伤。所以你要事先告诉孩子，腹部是一个非常脆弱的部位，不可以在对方没有准备好的时候偷袭腹部。

停止讨厌的呵痒

如果你小时候有过被大哥哥按住强行呵痒的经历，你就应该知道，它多么令人讨厌！快速、轻轻地挠一下并没有太大问题，特别是在孩子已经有一定准备的情况下。

被强行呵痒时，孩子会笑，但那却是不得已的生理反应，并不代表他真的喜欢。其实，你可以尝试假装挠痒痒，也就是差一点儿就要挠到，但事实上并没有碰到痒痒的地方，这会让孩子真正地开怀大笑。

另外，打闹游戏中必须要有一些行为底线，比如不可以使劲用拳头捶、用脚踢、咬人、抓人、掐人、揪头发或者按住对方的头。推挤、抓握之类的动作都是可以的。出现真正的攻击行为后，不要立刻终止游戏，而是重申规则，听一听孩子想说什么，然后在大家都准备好时重新开始游戏。

跟随笑声

如果你做了什么事情令孩子哈哈大笑，那就再做一次。然后，再重复。

这条建议看似多余，但我们想提醒的是，面对一件好笑的事，成人常常比孩子先失去兴趣。在孩子面前放下成人的架子，装傻扮笨，甚至冷不丁摔一跤，为的就是给孩子带去笑声。即兴表演，也是孩子笑声的一大来源。跟随感觉，和孩子一起无拘无束地大笑、尖叫，享受释放天性带来的快乐吧。

但也不是所有时候，打闹游戏都伴随有笑声。如果孩子看上去过于认真，你感觉他随时可能会情绪爆发，那么可以暂停游戏。但如果是另一种认真——你能从他眼中看到极高的专注和期待，脑门上还有汗珠，那么这表示你们处于极佳的状态。

打闹游戏常常能带来巨大的满足感和深入学习的机会，这和孩子成长过程中的其他学习是类似的，比如终于能爬过长长的吊杆，或者屏住呼吸用积木搭成一个高塔，又或者通过不断的练习找到投篮的最佳位置和节奏……

勤喊暂停，调整节奏

和孩子约定一个喊停的暗号（滑稽的暗号最好，如“香蕉奶油派”），然后在打闹游戏中常常使用它，这样做的目的是让孩子反复体验情绪上升和冷却的过程。每当说出暗号时，你就像雕塑一样定住，同时也让孩子定住。刚开始孩子不熟悉规则时，可能需要你轻轻抱住他，让他保持不动，慢慢地他自己就可以做到。

一般来说，暂停时间不需要太长，让大家喘口气，平复一下呼吸就行。但如果遇到有人受伤，或者需要重申规则，可以根据需要延长暂停时间。最后解冻时，需要另一个滑稽的暗号。

情绪急救，大有帮助

不管孩子受了严重、轻微，甚至想象出来的伤，我们都要立刻暂停，去为孩子疗伤。有时孩子声称受伤，你检查后却没有发现任何异常。哪怕他只是假装受伤，你也要表现出重视，因为这通常是孩子感觉到安全之后，试图表达之前累积的深层感受。这时切忌对孩子说："你根本没有受伤啊！"此时，他最需要的是我们认真倾听，甚至一本正经地给他贴上创可贴。

另外，打闹游戏有时候会以眼泪和脾气爆发收场，要为此做好心理准备。这并不难理解：游戏过程中，孩子感受到了安全和亲密，这让他们忍不住表露积压已久的深层情绪。我们先让自己好好喘一口气，然后倾听孩子，并给他们提供抚慰。此时，他们的眼泪或者其他激烈情绪，是向我们表达真实感受的最好机会。我们绝不应该堵住情绪表达的通道，催促他们擦干眼泪，而是要允许他们尽情地释放情绪，只有这样，他们才能真正恢复理智、重拾快乐，并以惊人的速度再次投入游戏中去。

确认环境安全

基本原则清楚之后，游戏开始之前，我们还有最后一个细节要确认：游戏环境是否安全？

排查危险因素，比如尖锐的角、容易让人滑倒的垫子、贵重的玻璃花瓶、吊扇……游戏前，取下身上佩戴的首饰、手表以及其他任何可能损坏或伤到人的东西。

本书中介绍的很多游戏和活动最好在柔软的地面上进行，比如草地，或者铺着地毯、垫子的地面上。要避免直接在瓷砖、水泥或硬木地面上游戏。另外，建议游戏之前，先在头脑中预演一遍游戏，甚至必要时把一个大枕头当成孩子来模拟游戏，最后再真正跟孩子玩起来。

热身游戏

正式开始游戏之前，我们还准备了一套快速、实用、逐步推进的热身游戏，来帮你调动身心的热情，以便尽快投入打闹游戏的状态中。这套流程，你可以在任何打闹游戏之前使用。每一个步骤都可以反复练习几分钟，直到你掌握它的要领。如果孩子没耐心完整体验热身游戏，希望立刻开始真刀真枪的打闹游戏，那也没关系，听他的就好，以后有机会时再尝试。

① 面对面站立，两脚分开，轮流向对方喊“哈”。这样的互动会让双方在咯咯的笑声中不自觉地放松下来。这并不是典型的打闹游戏，却同样

能带来高质量的、面对面的快乐。

② 与孩子同处一个高度，面对面，伸出双手，手肘弯曲，让你和孩子的手掌彼此靠近，相隔几厘米而不是贴在一起。缓慢移动手掌，感觉手掌之间微妙的“力场”作用，并在此作用下用手掌画圈，或者做前后伸缩的动作。在控制和跟随、推与被推之间不断轮换角色。这是两人调到同一频道的很好练习。

③ 类似第 2 步，但这一次把手掌贴在一起，仍然保持手肘弯曲。根据对方的情况逐渐加大力量，但不要大到让推掌过程失衡。

④ 在第 3 步的基础上加入竞争元素。试着把对方推到垫子外面，或划定好的（也可以是想象的）范围之外。保持手肘弯曲，避免突然猛推。试着把它想象成进退有度的双人舞，而不仅仅是比赛。

⑤ 在地上铺一个垫子或较为柔软的替代物（如折叠好的被罩）。两人四肢着地，肩并肩挨着，面向同一方向。模仿海豚之间嬉戏的状态，在缓慢向前爬行的过程中互相碰撞，从对方身体上越过或从对方身体下穿过。

⑥ 在第 5 步的基础上加入竞争元素。试着在互动过程中，把对方挤下垫子。

在以上每个步骤进行的过程中，留意自己的感受：会不会觉得不耐烦，想直接进入真正的打闹游戏？会不会担心孩子或自己受伤？会不会感觉有点傻？会不会担心自己做得不对？会不会勾起小时候没玩过打闹游戏的遗憾，或者因为玩过而感觉怀念和庆幸？游戏过程中出现的所有感受，都是自我认识和探索的很好线索。

下面推荐一些比较简单、可以立即玩起来的打闹游戏。我们可以从这里开始，熟悉打闹游戏的感觉和技巧。

坐飞机

这个游戏特别受小婴儿的欢迎，不过，大孩子同样喜欢。你仰躺在地上，弯曲双腿，大腿和地面垂直，小腿交叉。孩子俯卧在你的小腿上，你依靠腿部力量，前后左右地移动，其间可以设计一些意外的小变化，让孩子感受到适度的失重感以及刺激带来的兴奋感。切忌动作幅度过大，或者饭后尝试，以免孩子呕吐。

越狱

孩子把你关在“恶魔岛监狱”——一座用沙发靠枕或者垫子搭成的监狱。你企图越狱，孩子一次次追捕你，把你送回监狱。刚开始，你很容易被孩子抓住，慢慢地难度提高，孩子需要动脑筋或者花更大力气才能把你抓回来。运用你的想象力，让游戏变得更有趣，比如越狱时看着四周的“海水”说：“水里不会有鲨鱼吧？”

游戏变形：有的孩子会主动提出当越狱的囚犯。同样地，你可以循序渐进地提高孩子越狱的难度。

“差一点儿就抓住你了！”

在追逐孩子的过程中，你每一次都想奋力抓住孩子，但每一次却又在关键时刻差了那么一点儿。游戏过程中，如果你能常常夸张地摔倒，然后趴在地上可怜巴巴地够孩子的腿，那他肯定会笑疯的。爬起来之后，你还可以不断重复这个过程。

有的孩子会明确告诉父母，希望游戏结束时我们能成功地抓住他，然后俩人亲密地搂在一起。除此之外，每一次游戏的结局，都最好是你又一次失败了，并且绝望地放弃努力。

冲破封锁

你执意让孩子坐在你腿上或站在你跟前，坚决制止他企图逃出你的怀抱。你可以双手交叉，紧握自己的手腕或手肘，给孩子制造一个严密（但绝对安全）的牢笼，并大肆吹嘘说“你绝对不可能从我怀里逃脱！”然后每一次发现孩子挣脱你的怀抱，或者把你的手掰开时，你都惊慌不已。孩子每成功一次，你封锁的力度就更大一点儿，以增加游戏的难度。

游戏变形：和一群孩子玩这个游戏。你会发现，有的孩子喜欢在兄弟姐妹或朋友的帮助下逃脱，有的孩子则喜欢完全依靠自己的力量。

粘住了！

假装你的手碰到什么，就粘住什么（比如地板、桌子、孩子的腿），而孩子的任务就是帮你把手指一根根拔出来，让孩子略微使一点儿劲才能成功。一旦你的最后一根手指脱离险境，你的手又再次粘在了另一样东西上。

游戏变形：假装你的两只手有磁性，任何出现在你两只手之间的东西都会被夹住，比如孩子的身体。

一指禅

引导孩子，让他知道，只用一个手指轻轻戳你的身体，就能把你推倒。当他尝试这样做时，你要立刻夸张地重重倒在地上，并且发出痛苦的哀号声。放下你以往的尊严，让孩子大笑吧！你还可以夸口说："下一次，你别想再把我推倒！"然后再重复"倒地—哀号"，这样做可以快速地给孩子的自信心充电。事实上，每当你做游戏卡住，不知道该怎么办的时候，夸张地倒地总是一个能引发笑声的可靠办法。

兴奋的野马

小婴儿非常喜欢坐在成人膝上被颠着玩，偶尔来两下突然下落的惊喜就更好玩了。如果和大孩子玩，可以模仿竞技场上牛仔们骑马的情形：让孩子背对着我们，坐在我们的膝上。我们的手握在孩子腋下，把控住他的身体，然后上下颠腿。动作幅度可以大些，就好像你这匹野马刚刚吃了兴奋剂一样。

笨拙的食人鱼

孩子们都喜欢危险动物，尤其是当这个动物并不会带来真正的危险时。手上套一个手偶玩具或袜子扮演食人鱼（或其他可怕的动物），貌似很凶却出奇地笨拙，怎么也追不上孩子，总是在关键时刻跌跌撞撞，让猎物逃掉。更可笑的是，你还会不小心咬到桌子腿，当你发现自己嘴里吐出来的竟然是木屑时，简直又惊又气。这个游戏对于那些正在学习控制攻击冲动的孩子，非常有帮助。

脱袜子

这个游戏可以两个人玩，但参与的人越多，会越有趣。大家穿着袜子坐在地板上围成一圈，腿伸向中间。发令人宣布游戏开始后，每个人都要想办法脱掉别人脚上的袜子，同时保护自己的袜子不被脱掉。你可以把从别人脚上脱下来的袜子塞在口袋里，但袜子的主人也可以把它偷回来重新穿上。穿袜子的同时，保护另一只袜子不被人脱掉，可没有你想象的那么容易。当全场其他人都光着脚，只有一个人——获胜者还穿着袜子时，游戏结束。

爸爸斜塔

这个游戏的名字取自意大利著名的“比萨斜塔”，只不过我们把“比萨”换成了“爸爸”，因为在游戏中，爸爸要扮演斜塔。如果孩子到你腰那么高，让他趴在你身上，假装你是斜塔，然后你开始前后摇晃，用脚跟走路，或者慢慢旋转，最后重重倒地。不过要确保孩子压在你身上，而不是你压在孩子身上。当然，如果愿意，妈妈也可以扮演斜塔。

不舒服的垫子

孩子坐在沙发上时，你假装没看见他，轻轻坐在他身上，同时“吃惊”地说：“宝贝，今天的垫子怎么这么不舒服啊？坑坑洼洼的！”你纳闷了好长一段时间，才发现原来自己不小心把孩子当成了垫子。如果孩子把你推开，你就又滑稽又惊恐地嚷嚷：“这沙发怎么回事？为什么不让我坐上去？不行，我得再试试！”

温柔地推挤

和小婴儿的身体互动，主要是为了刺激他的感官发育。让小婴儿仰躺在柔软的垫子上，你用头和脸轻柔地推挤他的身体。注意，不是用手哟！你的头发和脸上凹凸不平的五官，能给孩子更丰富的感官感受。如果他用身体推回来，你就夸张地表现出惊讶，退回来一点儿，然后再次“出击”。

奥林匹斯山

迄今为止，我们知道太阳系里最大的火山是火星上的奥林匹斯山。和孩子一起坐在床或沙发上，假装你们正坐在奥林匹斯山顶，下面全是滚烫的岩浆。你们有时试图把对方推下岩浆，有时又奋力营救对方。

不倒翁

和孩子一起，把自己蜷成一个球，手臂抱住腿。设定一条终点线，看谁先滚到目的地。当然这个过程中一定会“不小心”和对方撞在一起。

相扑硬拉

我们把这个游戏叫“相扑硬拉”而不是“罗马尼亚硬拉”，是因为相扑硬拉主要使用腿部力量，这样背部不容易受伤。

首先，让孩子俯卧在地板上，绷直身体。你屈膝，手伸到孩子身体下面，一只手托住孩子的前胸，一只手托住孩子的腿，像奥运会选手举杠铃一样把孩子举起。当他超过你头顶高度时，托举着他在屋子里飞来飞去，最后轻轻把他扔到沙发上，或者轻轻一送，让他在地板上“滑行”一小段。在整个托举的过程中，你的手必须稳稳抓住孩子的躯干和腿。

你也可以扮演铲车，这样就不用让孩子高过你头顶，而是在你前方。假装孩子是一盘绝不能掉地的甜瓜（“哎呀，糟糕，差点儿滚地上去了！”），或者一条刚刚苏醒的蟒蛇，在你怀里扭来扭去。

独轮手推车

孩子俯卧，手掌和肚子着地，腿向后上方伸出去。你站在孩子身后，抓住他的脚踝，然后就可以出发了。在屋子里摞一些垫子和枕头，这样孩子到达目的地时，可以痛快地扑上去。或者，在各处放一些小奖品，孩子过去时需要一只手撑地，另一只手拿奖品。这可是对孩子的力量和协调性的很好训练。

爵士即兴舞

最后这个可以立刻玩起来的打闹游戏，是受自由爵士乐大师桑·拉（Sun Ra）的启发。他自由自在、随心所欲的风格所有人都喜欢。

在这个游戏中，你们不受任何规则的约束，完全即兴发挥。游戏的规则、节奏、强度可以随着你和孩子之间的互动随时进行调整，甚至游戏中谁主导、谁跟随都无所谓。你可以四肢着地开始这个游戏，并大肆吹嘘说孩子绝不可能把你推倒。或者，像非洲人一样，一边用勺子敲打锅碗瓢盆，一边起舞。又或者，看看不用手和脚能不能爬上沙发、床或你家的台阶。总之，放开手，尽量玩起来吧！

第3章

飞行类游戏

你只要飞过一次，

从此就会忍不住望向天空，

那个你曾经到过并会一直向往的地方。

——

列奥纳多·达·芬奇（Leonardo Da Vinci）

安东尼的女儿艾娃3岁时，有一段时间只要妈妈。每到快吃完晚饭时，她都迫不及待地宣布："我只要妈妈抱我上床！"如果这时她发现爸爸想插手，就会更加强烈地表达"我只要妈妈"，甚至情绪激动地大闹一场。

安东尼不得已，只好另想办法。有一天，他试着邀请艾娃加入他的"飞行世界"：每天晚上，安东尼都变成不一样的飞行工具（比如飞机、热气球、喷气式飞机），载着艾娃飞上楼梯、飞到床上。艾娃非常享受这段旅程，几次下来，她决定给爸爸"解禁"，不再排斥爸爸哄她睡。

被孩子排斥，很容易让父母产生挫败感，进而放弃和孩子的互动。但安东尼借助飞行类游戏，跟女儿分享了快乐和亲密，父女俩的关系也因此朝好的方向进了一步：充满亲密联结，而不是互相排斥。当安东尼变回受欢迎的爸爸时，他还发现了一个秘密。"你走开"的真正意思是："我非常想念你，可你为什么要消失一整天？我到现在还没消气呢！"所以此后，当艾娃再次要求"只要妈妈"时，安东尼会说："宝贝，我也非常想你。今天晚上我们还玩飞行类游戏，好吗？"

父女俩围着楼梯飞上飞下，亲密和信任感在这个过程中逐渐升温。这也是我们选择将"飞行类游戏"作为第一类游戏介绍给大家的原因。它开启了打闹游戏之旅的第一站：学会信任——信任自己、信任对方、信任重力。

当然，孩子信任你的前提是，你值得信任。把孩子抛出去，就一定能把他接回来。另外，你必须观察孩子微妙的情绪变化，比如他现在是兴奋，还是恐惧？兴奋和恐惧，有时只是一线之隔，所以要仔细观察孩子的表情、眼神，以便掌握好分寸。

飞行类游戏还能刺激大脑前庭的发育（这部分的发育常常被我们忽视）。前庭神经系统呈螺旋状排列结构，位于我们耳蜗内，它是决定运动能力的一个核心部位。它让我们有空间感，可以意识到刚才怎么到达此地，现在在什么地方，接下来又将到哪里。当我们旋转、上下颠倒，内淋巴液在前庭系统中流动时，我们的协调能力、灵活性、旋转和直线加速的技能都会得到锻炼。这个过程让我们知道，旋转身体和快速移动会带来怎样的感觉？一直以来，物理治疗师和职业治疗师都采用温和的飞行动作，来训练协调性稍差的孩子，让他们达到同龄人的正常水平。它对于成人眩晕、走路容易跌倒之类的问题，也有改善效果。

从前，你只知道倒立、快跑之类的动作刺激好玩。如今，你了解它不仅对大脑发育有好处，还能增强你和孩子之间的信任和亲密感。所以，还犹豫什么，系上披风，赶紧开始游戏吧！

飞行类游戏的基本技巧

托举 最好的办法是，双手托在孩子腋下，把他举起。或者，抱住孩子的身体举起他。如果抓住孩子的踝关节做倒挂动作，他的体重必须在 50

磅（22.68 千克）以下，否则容易导致膝关节或踝关节拉伤。还可以让孩子弯曲手臂，锁定肘关节（好像他一直端着托盘似的），然后你双手托在他肘关节下面，把他托举起来。另一个比较安全的动作是，你的双臂伸到孩子的背部或腹部的下方，托起他。我们建议，不要通过拽拉孩子的手或手臂将他提起，以防肘关节错位。成人自己的背部也要保护好，在做较为用力的托举动作时，屈膝可以保护背部不被拉伤。

旋转 旋转的关键在于，找到一个稳固的支点——你和孩子身体接触、受力的那个点。如果在我们头部以下的位置旋转，那么最好的支点是腋下、臀部或大腿。以腋下为支点时，孩子的腿甩出去。以臀部为支点时，孩子的腿绕在你腰间，上半身旋转。随着旋转速度的加快，支点逐渐从腋下转向手臂、手，或者从臀部、大腿转向脚踝、脚。也就是说，你抓握的地方，会自然而然从孩子的臀部、骨盆移向大腿甚至脚踝。如果孩子在你头顶上方水平旋转，那么一定要确保有两个安全的支点，以腋下（或前胸）和大腿内侧这两个地方作为支点最好。孩子可以上下翻转，也可以面部、腹部朝上，做各种旋转。

悬空 悬空是一种能带来短暂刺激和快乐的技巧。它可以让孩子体验到重力起作用前被抛入高空的快感，或者仅靠腋下、腿部的一点儿支撑力悬浮在空中的感觉。你可以把这个技巧融入几乎所有飞行类游戏中，只是你要确保孩子感受到的是兴奋，而不是恐惧。

送出和接回 当你把孩子送出时，他的身体必须与地面垂直，否则，你就只能把他水平送到一张床或柔软的垫子上。高阶的送出动作，还可以包含旋转。当你需要接回孩子时，必须抓握住他的腋下或上半身，而绝非四肢（如手、腿或脚）。高阶的接回动作，除了全力以赴接住孩子以外，你最好还能撑住他胸腔两侧，帮助他在回落的过程中减缓因迅速下滑带来的冲击力。

保护和帮助 这并非运动教练才能学会的技能，它的一些简单技巧我们也能掌握。监视和保护，是通过协助他人安全着地，或者引导他完成一个动作，来防止发生意外伤害。保护者并不需要全力支撑起对方的重量，而只要从旁稍加辅助，保证对方身体直立，保护头颈的安全，以及减缓下落时的冲击力就可以。保护和帮助的注意力应该放在三个关键部位上：孩子的腹部、背部和臀部。选择上述三个部位中最合适的一个，将手放在它的上面、下方或后面，另一只手悬空举起（类似宣誓的手势），以便随时伸向最需要的地方。虽然大部分时候，你做的这些只是为了让孩子更安心、更放松，但你还是有必要伸出手、屈膝，做好预备姿势，以便发生突然下降或滑落时，你能及时提供保护。

洛奇悠高

适宜年龄 1~3 岁
难度等级 低
基本技巧 悬空，送出和接回

为了纪念西尔维斯特·史泰龙在电影《洛奇》中塑造的经典角色“洛奇”，以及他强有力的拳头和臂膀，我们把这个游戏命名为“洛奇悠高”。

这个游戏将“悬空”技巧发挥到了极致。双手撑在孩子腋下，将她举过头顶，然后左手把她送往高处后松手，同时右手发力，把她举向更高处（右手始终牢牢抓住孩子腋下），让她飞得更高。把孩子举向最高处时，要确保她的重心落在你身上，在你的掌控范围内，这样她腋下的支点才能稳固。接着，你慢慢放低右手臂，孩子随之慢慢下落的过程中，快速将你的左手撑在她右侧腋下。这一次要换方向，用右手把孩子送向左边的高空中（同时松手），左手发力，把孩子举高。如果你平时锻炼多，体力够好的话，还可以一边跑，一边做这些动作，举到最高处时松手，让孩子体验一下飞翔的兴奋感，然后迅速用双手接住她。

边跑边举高，举到最高处时松手，让孩子体验一下飞翔的兴奋感。

调皮的小飞象

适宜年龄 2~5 岁
难度等级 低
基本技巧 旋转

你和孩子密切合作，模仿一头狂野撒欢的小象。

面对面抱起孩子，让他的腿环绕在你的腰间，头和肩膀后仰。当你们俩的身体呈 90 度夹角时，让他把腿塞进你的手臂内侧，这样你的手就可以方便地托住他的头和脊椎。现在他呈倒立姿势，你们俩就组合成一头小象的样子，你是小象的身体，他是小象的鼻子。准备好之后，你们可以尽情嬉戏，转圈，摇摆，模仿小象鼻子哼哼或吼叫的声音，去屋子各处转悠……熟练一些之后，孩子倒挂时，头可以再冲下一点儿，手臂尽可能伸出去，这样调皮小飞象的鼻子就更长了。

孩子倒挂，你们俩组合成小象的样子，你是身体，他是鼻子。

沉睡的蝙蝠

适宜年龄 | 2~8 岁
难度等级 | 中
基本技巧 | 悬空

和孩子面对面站立。拉住孩子的手或小臂，让他从你的脚开始，沿着你的身体慢慢向上走，直到他的身体呈水平方向。继续抓紧孩子的同时，让他弯曲身体，头向下伸去，直至下降到你脚踝的位置，脸冲外，脚伸到你胸前。（如果是较大的孩子，他的腿长，可以把脚挂在你的脖子或肩膀上。）为了让游戏更刺激，你还可以左右摇晃手臂。孩子在倒挂状态下最多保持一分钟。他下来时，腿脚往你身体的反方向翻转落地，在这个过程中，你要始终抓好他的手或手臂。

也许你觉得，让孩子坚持一分钟以上完全没问题，而且有些人（和蝙蝠）可以倒立好几个小时，但这样莽撞的坚持，会让孩子的血压发生一些不好的变化，而且时间长了，你手臂的力量一定会越来越弱。

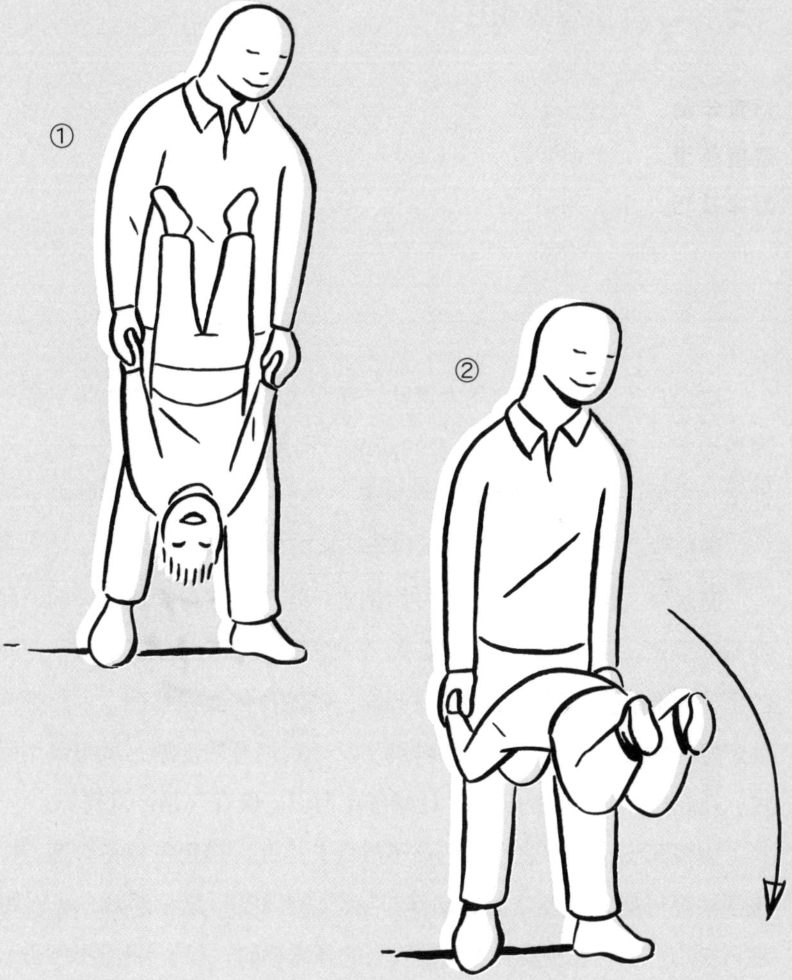

孩子最多倒挂一分钟后，腿脚往你身体的反方向翻转落地。

会飞的狐狸

适宜年龄 | 2~7 岁
难度等级 | 中
基本技巧 | 托举

这个游戏的灵感来自飞索运动，在澳大利亚和新西兰也叫“会飞的狐狸”。简单介绍一下这项运动：绳索的两端分别系在两个地方，一端比另一端高出许多，形成一个斜度。绳索高的那端，套上一个皮带轮，皮带轮上装着两只手环，愿意尝试的人可以抓住这两只手环从高处滑向低处。

游戏中，你需要和孩子肩并肩站立，孩子站在你力量较大的一侧。你举起那侧的手臂，手掌向上，手臂在前方，略高于孩子头顶。让孩子用双手抓住你的手，就像抓住皮带轮上的手环一样。她的身体要稍弯曲，手肘弯曲的角度也锁定好，然后你们就可以开始奔跑了。一旦你开始加速，就可以用另一只手帮忙，托起一点儿孩子的身体，让她感觉自己好像在飞越一片树林。

大概奔出十大步之后，把孩子放低一点儿，但仍然保持奔跑，接着再次把孩子吊高一些，重复之前的动作。“会飞的狐狸”这个游戏，可以帮助孩子飞越石块儿、水坑或沙发。当飞越较高的障碍物时，孩子要把腿蜷起来。

注意：为了降低孩子以及你背部受伤的风险，孩子离地距离不要超过 1 米。

孩子会感觉自己正飞越一片树林。

希腊弹弓

适宜年龄	5~8 岁
难度等级	中
基本技巧	保护和帮助

弹弓据说是希腊人发明的，为了纪念他们，我们把这个游戏命名为“希腊弹弓”。

你仰躺在地上，膝盖弯曲至胸前，脚掌和地面呈 45 度夹角。让孩子背对你，屈膝蹲坐在你的脚掌上，上身直立，稍向前倾。现在，向前方 30~45 度角的方向，蹬出你的双脚，把孩子像子弹一样发射出去。确保你的脚向前而不是向上蹬，以防止孩子落回你的身上。孩子应该是脚着地降落在软垫子、一堆柔软的枕头或靠垫上。一旁最好有人负责监视和保护，引导孩子更好地着地。

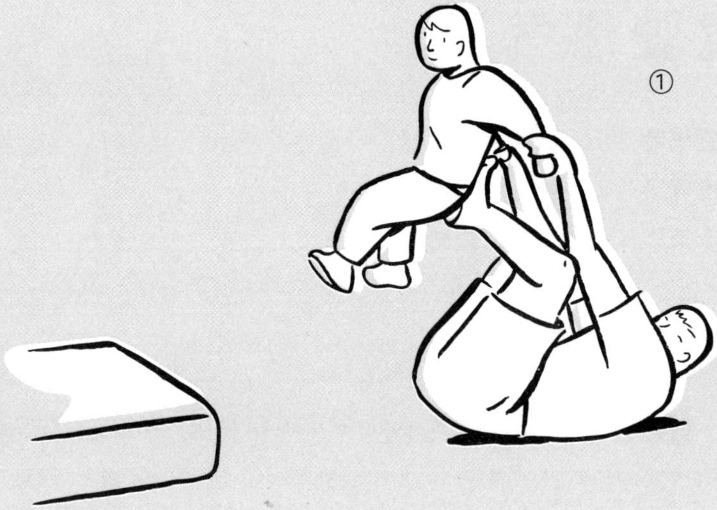

①

②

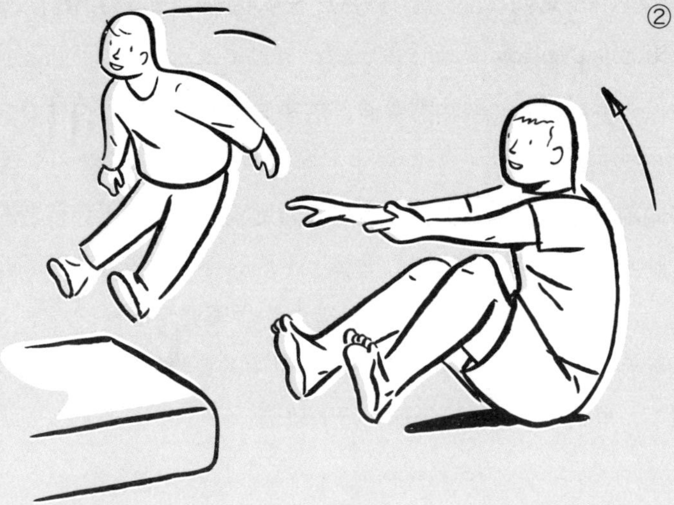

向前方 30~45 度角的方向蹬出双脚，防止孩子落回你的身上。

驾驶热气球

适宜年龄	3~6 岁
难度等级	中
基本技巧	保护和帮助

马克斯·勒罗伊·安德森 1934 年 9 月 10 日出生在俄克拉何马州的塞尔市。他热衷驾驶热气球，并于 1978 年成为第一个驾驶热气球（“双鹰二号”）成功穿越大西洋的人。他的团队还因为这一壮举，在 1979 年被授予美国国会金章。“驾驶热气球”这个游戏就是为了向马克斯致敬，纪念他的冒险精神，以及他对体育事业做出的贡献。

把你力量较弱的那侧膝盖着地，孩子与你面对面站立在你前方。把你力量较弱的那侧手臂向前伸，手掌向上，手臂弯曲（就像托着一个盘子）。接着，让孩子向前躺在这只手臂上，然后用你力量较强的那只手翻转她的身体，两手合力让她坐在你力量较强的那侧肩膀上（你的手需要放到孩子屁股底下，扶着一点儿），面向你身后的方向。你较有力的手臂要全程保护好她，另一只手也要协同配合。这是把孩子装进热气球吊篮中的过程，接着你站起来开始慢跑，偶尔蹲下，再站起，模仿热气球飞行的轨迹。

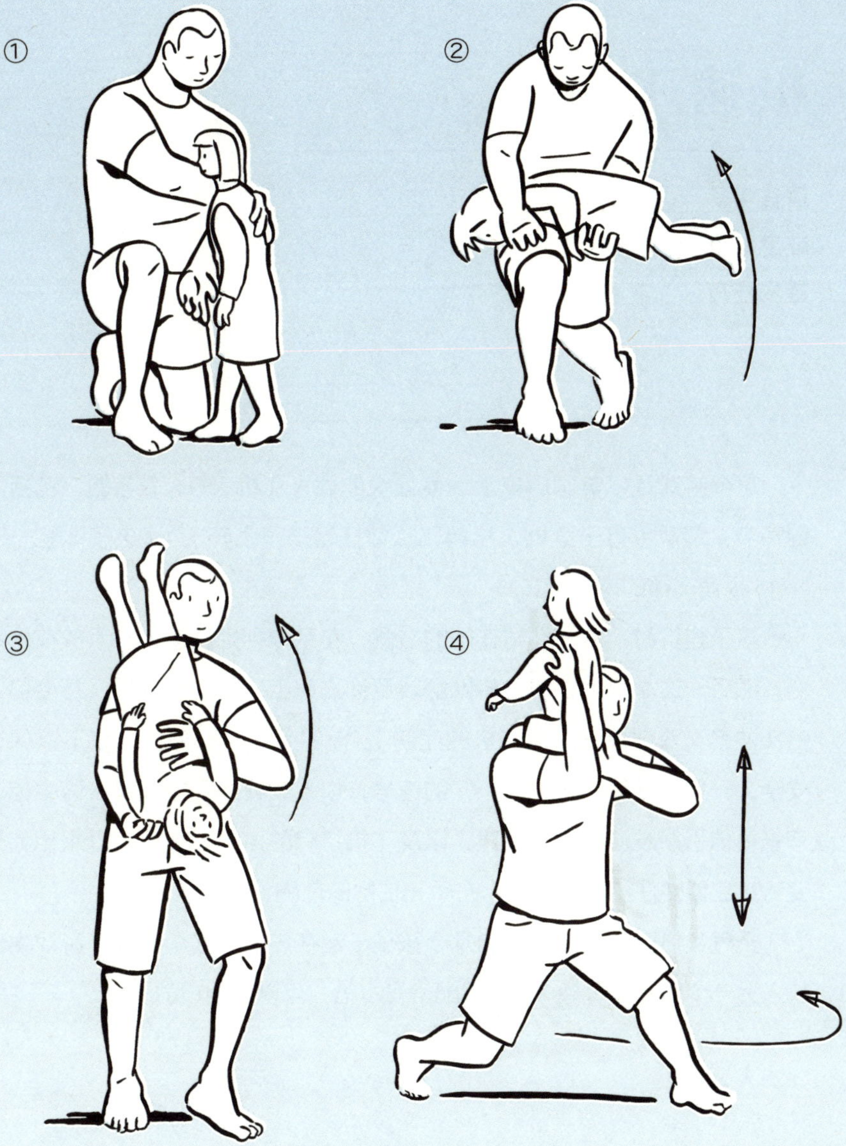

孩子翻转后，让她平稳地坐落在你力量较强的那侧肩膀上。

极速飞侠

适宜年龄 | 3~8 岁
难度等级 | 中
基本技巧 | 托举，保护和帮助

这个游戏是以美国历史上速度最快的载人飞机 X-15 命名的，包括两个关键环节：装载（孩子登机）和起飞（你扛着孩子飞奔）。让孩子体验一下乘坐 X-15 极速飞翔的感觉吧！

孩子登机时，需要你站在她的右侧，左手伸到她胸前，右手放在她右腿后侧，然后一边举起她，一边将她翻转至你左肩上，让她呈水平飞行姿势。孩子的头冲前，双臂展开（像飞机的翅膀）。你的手始终支撑在她腋下以保证她的安全。一旦孩子给出“发射！”的信号，你就载着她开始狂奔。途中你还可以夸张模仿引擎发动时的轰鸣声，以及飞机特有的声震。你也可以采用另外一个姿势：左臂搂住孩子的后背，右手托住她的前胸。

天气炎热时，还可以多约几个孩子一起在户外玩这个游戏。游戏中也可以加入另一个细节：每架 X-15 都配备有水枪，可以互相扫射。

孩子“登机”后一给出“发射！”的信号，你就载着孩子开始狂奔。

杂技瑜伽

适宜年龄	5 岁以上
难度等级	高
基本技巧	保护和帮助

融入杂技动作的瑜伽，被称为“杂技瑜伽”。它需要两人共同配合完成，因此对于两人之间的联结和信任有非常大的帮助。

你在下面，孩子在上面。即便你和孩子都是瑜伽高手，我们也强烈建议再找一个人从旁协助。（这可是爸爸妈妈一起参与到游戏中来的好机会！）

你仰躺，举起腿，尽量让大腿垂直于地面，稍微屈膝。在协助者的帮助下，孩子平躺在你的脚掌和手掌上，面朝下，头和你朝一个方向。你的双脚稍分开，与孩子腰臀同宽。缓慢伸直你的腿，让孩子也把手脚伸展开来，做出飞翔的姿势，协助者在一旁帮孩子达到平衡。你会发现这个动作有点像“坐飞机”（见 28 页），只是这个游戏中，你不再负责抓紧孩子，你的腿也伸向了更远的空中。

游戏变形：协助者引导孩子降低头部位置，直到几乎与你面对面，整个上半身也跟着向下倾斜，和你的身体呈 30 度夹角。从你的头部上方，抓住孩子的手臂，这样他的手几乎可以碰触到地面。在协助者的引导下，让孩子试着朝前方的垫子上翻一个跟头。

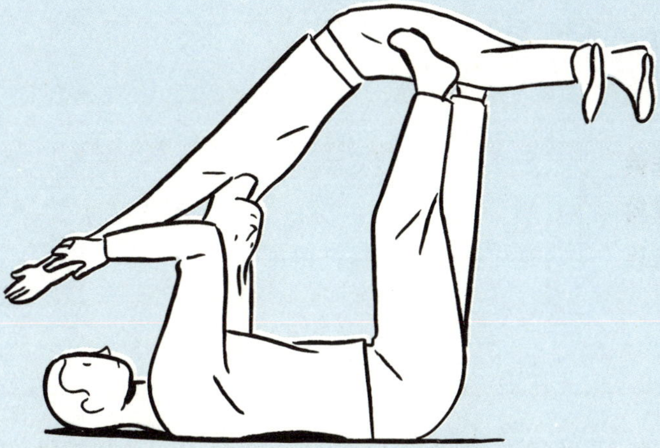

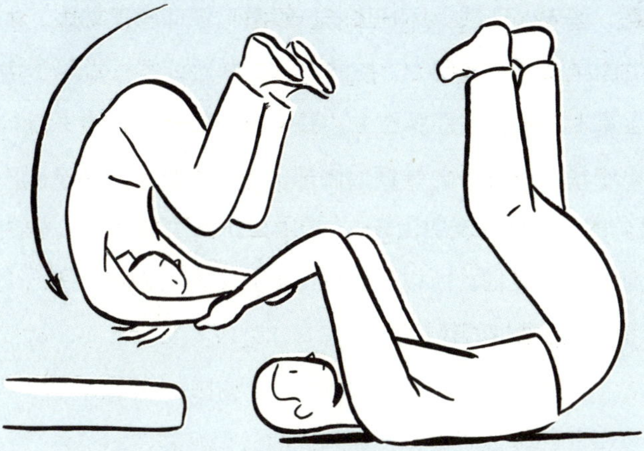

孩子降低头部位置，直到与你面对面，身体也倾斜至与你呈 30 度夹角。

人体炮弹

适宜年龄	5 岁以上
难度等级	高
基本技巧	送出和接回，保护和帮助

罗莎·玛蒂尔达·里克特 14 岁的时候因为表演人体炮弹发射而一举成名。1877 年，她第一次在伦敦皇家水族馆表演了这个项目后，就开始跟随著名的巴纳姆马戏团四处巡演。

我们的游戏是，让孩子像人体炮弹一样发射出去，最后安全降落在一块柔软的垫子上。首先，在地上铺好垫子。接着，你仰躺在地上，大臂落地，小臂上举，与地面垂直。手掌向上，屈膝，脚趾触碰或者接近垫子边缘。让孩子赤脚站在你手掌上，手扶在你膝盖上，身体悬空在你的身体上方，然后让孩子试着在你手掌中轻轻跳几下。等你们俩都做好准备后，倒数 3、2、1，你朝前方大概 45 度角的方向把他发射出去，同时配上“嘭”的炮弹发射声。另外，孩子下落时，应该侧身着地。所以在玩这个游戏之前，请根据孩子的年龄和能力，先让他练习好侧身落地的技巧。

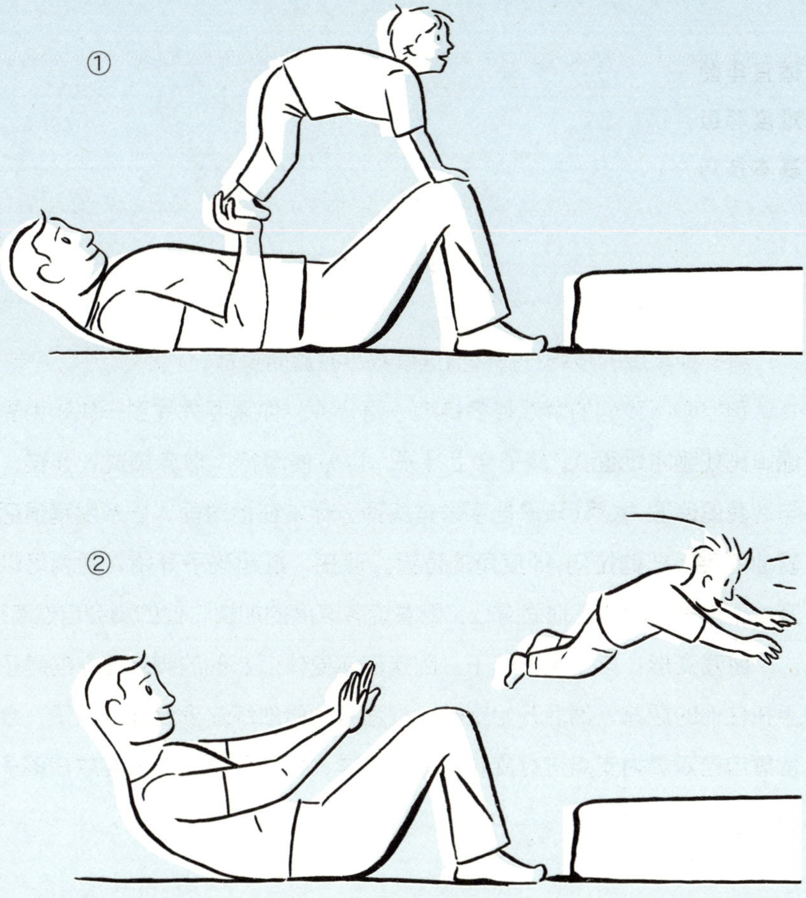

把“人体炮弹”向前、向上弹出，让他越过你的膝盖，飞入空中。

旋转的托钵僧

适宜年龄 | 3~7 岁
难度等级 | 高
基本技巧 | 旋转

有一种冥想的技巧：托钵僧连续数小时旋转身体。

别担心，我们的游戏最多持续一两分钟。你需要先找到一块较为光滑的地面（比如硬木地面）。孩子穿上袜子，以方便滑行，你赤脚或者穿鞋，以增加与地面的摩擦力。让孩子把手举过头顶，你站在他对面，一条腿稍退后，牵引着他的手，把他拉向 45 度角的位置。现在，拉起孩子开始转圈就可以了。刚开始，孩子的脚还在地面滑行，随着旋转速度的加快，他的脚会自然离地。

游戏变形：孩子脱掉袜子，倒挂在你身体上。他的脚绕住你的脖子，你用手托住他的后背，然后开始旋转。更强壮、更熟练这个游戏的孩子，会希望只依靠自己双脚为支点进行旋转，即使这样，你的手也应该始终放在孩子后背下面保护和支撑他。

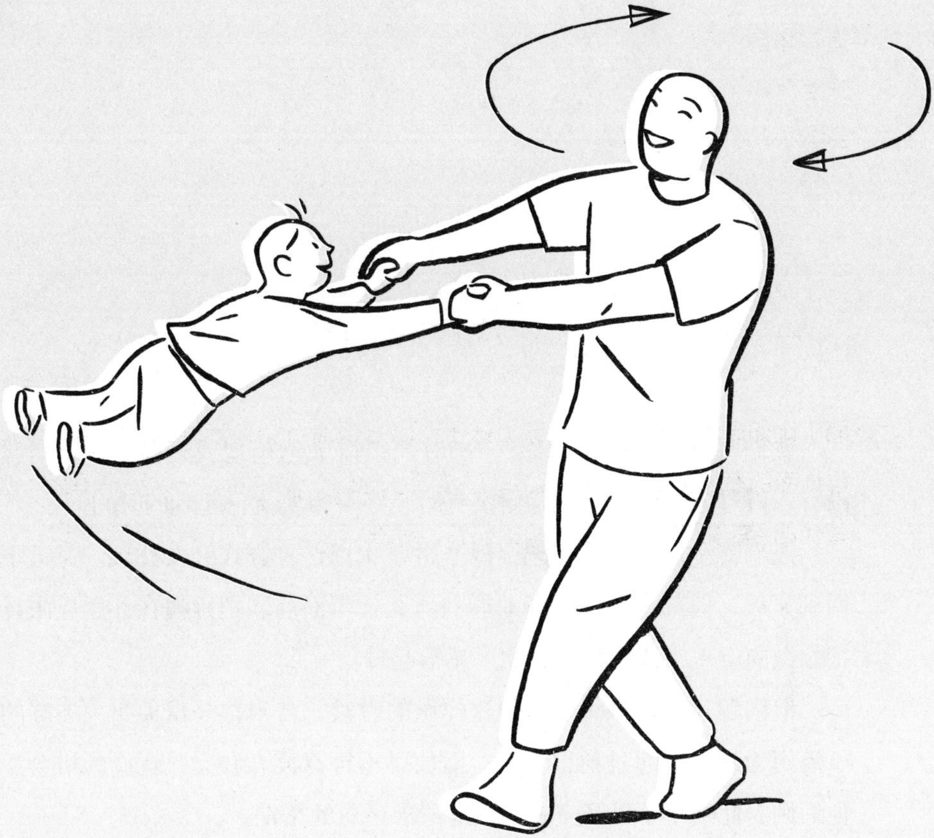

随着旋转速度的加快，孩子的脚会自然离地。

有关飞行类游戏的真实故事

我们听过很多成人抱怨："小时候很讨厌爸爸把我扔向空中，但我从没有告诉过他。因为这是我们仅有的、好不容易能一起玩的时间。"

杰瑞就是这样一位爸爸，他非常喜欢用这种方式和女儿玩。每天下班回到家后，他都会满怀热情地冲到女儿吉米面前，把她揽在怀里晃来晃去，把她抛向空中，或者握着她的手热情起舞。

但问题是，几乎每一次他这样做的时候，吉米都吓得尖叫。杰瑞的妻子潘姆为这事埋怨过他很多次，但他可不打算放弃和女儿玩耍的机会。当他们俩为此吵得不可开交时，只好请求科恩的帮助。

其实解决方法很简单。首先，杰瑞调整一下工作时间，尽量早点儿下班陪孩子玩，等到孩子睡着后再继续工作。这样，俩人就能玩一个小时（甚至更长时间），孩子也会因此有足够的时间热身，也有足够的时间在洗澡和睡觉前慢慢安静下来。额外的收获是，杰瑞和吉米还可以在游戏之后享受一段安静的、"在一起"的时光。

更重要的是，杰瑞还学习到，开始飞行游戏之前要先调到女儿的频道。

下班回到家后，先坐在女儿身旁，看看她在做什么，有没有办法加入进去。和女儿一起待上几分钟，等建立了联结和信任后再问她：“愿不愿意玩飞行游戏？”吉米还小，虽然不会立刻流利地回答“愿意”，但只要一听到爸爸的提议，就会使劲儿点头，把小手举得高高的，表示希望爸爸赶紧把她抱起来。

她喜欢爸爸专门为她量身打造的一种玩法，有点类似“调皮的小飞象”（见 42 页）。她仰躺在爸爸伸出的手臂上，随时可以看到爸爸的眼睛，然后在爸爸的臂弯里，像荡秋千一样前后、左右摇晃着。随着吉米慢慢长大，这类飞行游戏所带来的信任感和自信，也融入了她的生活。

杰瑞和吉米的故事告诉我们，飞行游戏可以有许多变化。你完全可以根据自己和孩子的情况任意发挥。就像伟大的爵士乐小号手迈尔斯·戴维斯（Miles Davis）谈到即兴发挥时说的那样：“不要害怕犯错，因为根本没有‘错’这回事。”

在和孩子即兴创造飞行游戏时，你还可以配上各种音效，比如喷气式战斗机、热气球、小鸟、火箭或者尖叫的乘客发出的声音。

悬空，这个飞行游戏中非常重要的技巧，本身就带有即兴发挥的性质。因为每个孩子都是不一样的，尤其对于悬空的接受程度，而这个技巧成功的关键之处就在于：读懂孩子的信号，然后及时做出调整。孩子喜欢零脱手的失重感（飞行过程中，你的手始终不离开孩子）？短暂的悬空（几毫秒的脱手）？还是长时间的悬空（体验几秒钟自由下落或倒立）？要记住，并非每一次尖叫都代表兴奋，有时候孩子也会因为过于害怕而尖叫。就像被强行呵痒一样，虽然你非常讨厌它，但身体反应会让你笑得停不下来。所以，请从零脱手悬空开始，一次增加一点儿难度，然后观察孩子的反应。

当孩子不听话或举止令人讨厌时，我们要做的第一件事就是抓住他的注意力。这并不容易，一些常见的方法（比如冲孩子嚷嚷），虽然能起到一定作用，但同时也会带来负面后果。飞行游戏在这种时候就能发挥作用。给孩子一个惊喜——把他抛向空中，就能抓住孩子的注意力，用不着打骂或威胁他。这样一个小游戏，会立刻改变你和孩子之间的互动，以及眼前棘手、尴尬的氛围。（这个技巧和突然扰乱孩子不同，后者是指孩子平静时你强行介入。）从孩子的喜好入手解决问题，可以避免强硬手段给孩子带来的心理伤害。

“携手养育”的创始人帕蒂·惠芙乐把这种技巧称为“热情的偎依”，她认为这是叫嚷、惩罚和视而不见的极好替代。比如说，孩子不肯收拾自己的东西，你提醒了几次，他都坚决说“不！就不！”时，威胁或让孩子承担自然后果都不是好的选择。你可以一把把他揽进怀里，和他紧紧地贴在一起，微笑着说：“不？你肯定会的！”接着，你抱着他在屋子里飞来飞去，假装他的手是磁铁或者吸尘器，一遇到玩具就把它们吸进来，然后扔进玩具箱里。

你脸上大大的笑容，以及和孩子亲密的感觉是关键。游戏的目的，不是为了强迫孩子服从，而是让他从不好的感觉中走出来，从而愿意主动配合我们的要求；不破坏亲子关系，相反能进一步提升亲子关系的质量。

有一天，泰勒和儿子大卫玩“旋转的托钵僧”（见 58 页）。他们俩正转得兴奋时，大卫的脚不小心轻轻撞到了桌腿上，尽管泰勒肯定大卫绝对没有受伤，但大卫还是强烈要求贴一个创可贴。泰勒自然拒绝了，理由是：“脚上根本没有伤口啊！”大卫大发脾气，泰勒也不打算让步。

他让大卫在地板上哭了一小会儿后，还是不知该怎么办，只好求助妻子。他的妻子说：“拜托！就给他一个创可贴，又能怎样呢？！”泰勒想继续解释说“只有受伤的时候，才能用创可贴啊”，突然间，他意识到这话有多荒谬，而且他发现自己坚持不给儿子用创可贴，只是为了证明孩子真的没有受伤，以免又被妻子教育：“我说过，别在屋里玩那么疯！”所以，他果断地回到儿子身边，对他说：“爸爸帮你拿一个创可贴。”

大卫一边抽泣着，一边要求去药箱那儿处理一下，泰勒同意了，并和他一起过去。他还决定借机把这变成游戏的一部分。当他和大卫从药箱那儿回来时，两个人都贴着创可贴。他们一起冲进屋里，对正在看书的妈妈喊：“我们是‘邦迪强盗’！”紧接着，就把妈妈的书抢走，逃到了别处。泰勒抱着儿子，而“邦迪男孩”举着抢来的那本书，妈妈则想方设法从“强盗”手里抢回自己的书……总之，他们度过了一段非常快乐的时光。从那时起，泰勒放弃了“受伤才能用创可贴”的规矩，因为他发现，即使没有受伤，创可贴也能发挥疗效，更不用说创可贴作为超级英雄的配饰时有多酷了！

第 4 章

比赛类游戏

生活的意义不在于旁观。

如果你打算在看台上打量别人的喜怒哀乐，

以此消磨一生，

那么在我看来，

这是浪费生命。

——

杰基·罗宾森（Jackie Robinson）

打闹游戏的最佳搭档之一是床垫。无论何时何地，蹦床都是经典游戏。但如果我们缺乏技巧，蹦床也可能带来危险，所以我们需要掌握更娴熟的打闹技巧，才能避免发生意外。

安东尼的朋友分享过这样一个故事：

> 有一天，我和儿子德斯蒙德一起蹦床，我们享受了一段非常快乐的时光。但不知怎的，我们俩突然撞在了一起，德斯蒙德被撞下床去，头和腿都受伤了，他尖叫着哭了起来。虽然后来他冷静了下来，身体也没有什么大碍，但从此以后我们家就不玩打闹游戏了，尤其是任何在床上有跳跃动作的游戏。

安东尼可以理解朋友因此停止打闹游戏的顾虑，但同时他又觉得，这非常可惜。他们之所以在蹦床过程中发生意外，只是因为忽略了一个常识：在一张床上，多个人同时蹦床的确很危险。而《亲子打闹游戏的艺术》倡导的理念是：安全来自丰富的经验和知识，禁止活动并不能带来真正的安全。所以，安东尼才特别设计了“弹射座椅”（见 80 页），这个游戏一次只允许一个人蹦床。当安东尼把这个游戏介绍给朋友之后，他朋友家终于又恢复了打闹游戏，而且之后再也没有出现过严重意外。

比赛类游戏会从童年一直持续到成年，而它所带来的好处也会延续到成年之后，事实上它将关系到我们成年以后是否容易成功。

比赛类游戏让孩子在玩闹中不知不觉地了解竞争，健康地面对竞争，既不逃避也不过分在意。把焦点放在享受乐趣、积累自信和提高技能上，而不是一味在意结果。任何技能的获得都倚赖不断地重复，所以本章推荐的游戏也可以反复玩——为了更多笑声，也为了游戏背后深藏的意义。比赛类游戏还可以帮助孩子在团队合作和自我实现之间找到平衡，最终学会“输得有气度，赢得有风度”。

科恩的女儿艾玛上小学四年级时，父女俩每天都很怕练习小提琴的时间的到来。艾玛不想练习小提琴，因为她从未打算加入乐团，但科恩认为她应该保证基本的练习时间，而不能完全放弃这门乐器。争论和眼泪持续了数周，并没有换来一个令双方都满意的结果。

但是，每当艾玛在练习小提琴感觉沮丧时（几乎是每一次都会发生的事情），她就会和爸爸玩一个扔球的游戏：她找来一个柔软的球，使劲往墙上扔。与此同时，科恩痛苦地号叫，就像被艾玛扔出去的不是球，而是他的脑袋一样。艾玛大笑，接着把球再一次使劲扔出去。

在笑声和扔球的力量发泄中，艾玛的挫败感逐渐得到缓解。之后，他们再玩一次“拇指决斗”，获胜者可以决定接下来的练习是少于 5 分钟，还是多于 5 分钟。不管最终获胜的是谁，接下来的小提琴练习都不再伴有冲突。在这个过程中，科恩和艾玛的关系因此变得更紧密，而不是互相厌恶和各自沮丧。

相比其他类型的打闹游戏，比赛类游戏更需要下面三种智能的协调运用：身体、社交和认知。身体智能，指的是运用各种运动技巧的能力。也许有人觉得把运动技巧看成一种智能有些奇怪，但想想那些伟大的运动员吧。他们身体的空间感那么精准，协调身体不同部位完成各种动作的能力那么强！本章介绍的运动比赛游戏，就有助于提高身体智能的各个关键环节：手眼协调、快速反应、平衡能力。

社交智能，是“街头智慧”或“常识”的高级说法，而比赛类游戏正是锻炼这种能力的极好方式。在游戏中，我们学习读懂他人发出的信号，从而判断该信任谁、警惕谁。我们学习如何交流，以及何时保持城府。我们学习预测、三思而行，以及在最坏的情况下争取最好的结果。

比赛类打闹游戏对提高孩子的社交能力颇有好处，而其中最重要的一条就是，让孩子不再执着于“只能赢”或者“只能是最棒的”。为了交到朋友、维持友谊，或者让一个游戏持续下去，你都必须遵守游戏规则，哪怕那并不是你想要的规则。有时候，你得让别人决定玩什么游戏。你不能一输就气急败坏，否则很快就没有人愿意跟你玩了。

这个话题涉及我们最常被问到的一个问题：我应该让孩子赢吗？我们的答案是：（没有特殊情况时）是的！因为在家里赢得比赛，能让孩子积累自信，而这种自信在他和同龄孩子交往的过程中非常关键。

纳德的儿子马克在家里大大小小的比赛中都必须得第一，否则的话，他会不依不饶。纳德一度非常担心，如果去外面玩，别人不让着他，他是否还能和别人好好玩呢？有一天，纳德带马克去运动馆。当时 9 岁的马克想看一群大男孩打篮球，而纳德正好有事需要离开一会儿，就把儿子留在了那里。等到纳德回来时，他惊讶地发现，马克居然加入了比赛，而那些大男孩可丝毫没有让着小弟弟的意思。他们拦下马克的投球，从他手里抢球，运球的过程中用身体撞他……马克浑身是汗，呼吸急促，一副全身心投入的样子。纳德坐在一旁观察儿子。马克发现爸爸后，迅速抛给他一个笑容，然后又立即投入比赛中去。最终，马克那队输了。纳德做好了充分的准备，打算迎接马克的眼泪或怒气。可没想到，马克和所有参加比赛的伙伴们逐个击掌后，走到爸爸面前说："太好玩了！"纳德担心的一幕并没有发生。之前在家所做的一切、积累起来的自信，终于被证明是值得的。孩子越自信，就越能坦然接受输或赢的结果。

我们说，没有特殊情况时都让孩子赢。所谓的特殊情况是指，当孩子质问"你是不是让我了？"或者"你有没有用最大的力气？"时，你可以明确地问他："你是不是希望我全力以赴呢？"在孩子已经赢了我们无数次之后，他也许会希望在真正的较量中赢得比赛、树立自信，并承担输的风险。你可以在互动中逐渐测试并逐渐加大力量，直至达到孩子的极限，最后再让他赢。或者，在一些较为简单并且重复过很多次的游戏中（如 72 页的"快步佯攻"）偶尔赢一两回。

安东尼的女儿艾娃很喜欢玩一个叫"回忆"的游戏，并且要求游戏按照她制定的各种滑稽规则进行。玩过几次这样的游戏后，安东尼会问艾娃："你要继续艾娃的规则，还是按大家的规则来？"有时候，她想了解公平的比赛是什么样的，就会选择"大家的规则"。有时候，她想给自信心充点儿电，或者想确认一下跟爸爸相处时她是否处于绝对主导地位，就会选择"艾娃的规则"。

当孩子在游戏中"作弊"时，绝不要惩罚他们。他们只是在找回某种平衡，因为他们很清楚，游戏根本就不平等，无论从力量还是经验上来说，他们都要弱小得多。偷偷让他们知道，其实你对一切都了如指掌，但你并不介意他们耍点儿小伎俩。

有的父母，尤其是爸爸，总是希望在家里多磨炼孩子，以此培养孩子应对外面残酷社会的能力。我们持完全相反的意见。哪怕在竞技游戏中，都要把目标放在快乐和亲密上。这样说吧，我们都听过男人抱怨自己的父亲曾经如何严厉地对待他们，但从未听过任何一个人抱怨，因为小时候和爸爸玩超级开心的游戏，而收获太多快乐和亲密感。

除了提高身体技能和社交水平，打闹游戏还对认知发展（或者说“思维能力”）十分有益。孩子从一个简单的游戏开始，逐渐进阶到运动技巧更难、规则更复杂的游戏中。无论哪个层面的难度提高，都是对孩子脑力的更大挑战和提升。

比赛类游戏的基本技巧

身体接触 身体接触是打闹游戏和棋类游戏的最大不同。你可以把身体接触加入任何打闹游戏中。就拿经典的“剪刀、石头、布”为例。当你的“石头”击败别人的“剪刀”时，你的拳头可以撞击一下对方的“剪刀”。或者你的“布”击败对方的“石头”时，你也可以用手掌紧紧包裹住对方的拳头。不过要注意，不管是撞击还是包裹，力度都要控制好，让孩子感觉好玩而不是被攻击。

冒险 在游戏中让孩子冒一点儿险。一定程度的刺激会让孩子的兴奋度持续升温。冒险的场景可以是真实的，也可以是想象的，两者都可以刺激肾上腺素的分泌。前者包括小山坡、小树林和平衡木，后者可以是火山岩、鲨鱼、流沙……

把握输赢 孩子需要在和你游戏的过程中积累自信和掌控感，这样他们面对充满竞争的外部环境时才能有信心。所以，要小心，别让你的竞争欲失控。通常情况下，让孩子赢，直到孩子给你信号，你再逐渐提高自己的水平。

商讨和制定规则 比赛类游戏中一定有规则，孩子也应该学会遵守规则，但规则不必太刻板。你们可以修改原有的规则，甚至可以根据游戏的需求重新制定规则。孩子们都热衷于讨论规则，所以何不把它变成游戏的一部分呢？就像你更高大、更强壮，所以反而不必赢得每一场比赛一样，在讨论、决定规则时，你也可以让着孩子，让他拥有更大的话语权。

精进技巧 所有的比赛类游戏都需要孩子通过练习掌握一些技巧。有的孩子很容易接受，要想让技术娴熟，就必须不断地练习。但有的孩子却不是这样，一开始没做好就想立即放弃。让孩子看到你是怎样努力练习的吧，这样他才有机会模仿。另外，当比赛或游戏总是充满乐趣和笑声时，孩子也会更有动力坚持练习、精进技巧。

快步佯攻

适宜年龄	5 岁以上
难度等级	低
基本技巧	身体接触，把握输赢

这个游戏来自击剑运动中的一个动作：运动员通过跺脚，发出声音，分散对方的注意力，继而进攻。

我们在游戏中模仿它时，首先和孩子面对面站立，两人左脚都后退一两步，右脚并排站立（脚跟对脚尖）。两人左手相握，或轻轻抓住彼此的前臂，在游戏过程中不能用力牵拉对方的手或手臂。你们可以移动身体的任何部位，或者向对方喊“哈”，让对方失去平衡，不小心挪动右脚。谁先让对方的右脚移动，谁就赢得比赛。如果一个人是左撇子，另一个人是右撇子，那么就每局轮换放在前面的脚（如第一局出右脚，第二局就出左脚）。

如果在这个游戏中加入“谁都不许笑”的环节，会更好玩。也就是说，游戏全程你们都必须盯着对方的眼睛，谁先笑谁就输了，赢的那个人可以在原来的游戏基础上额外加分。

让对方失去平衡，移动右脚。

枕头大战

适宜年龄 | 4 岁以上
难度等级 | 低
基本技巧 | 把握输赢

又大又松软的枕头最适合用来玩枕头大战。相比之下，小巧、较硬的沙发靠枕就不那么适合了。两人对打时，把有拉链的那头攥在手里，防止刮伤对方（尤其是眼睛）。当然，如果枕头没有拉链是最好的。大孩子更喜欢给游戏设定目标，比如谁先打中对方 10 次头或 5 次腿就算赢。小孩子则更享受你被打中后夸张倒地的环节。根据孩子的情况，随时调节你的力量。

小孩子更享受你被打中后夸张倒地的环节。

战车之战

适宜年龄	4 岁以上
难度等级	中
基本技巧	身体接触，把握输赢

这个游戏，是模仿古罗马时代的一项观赏性运动项目：战车竞技。参赛者驾着战车在竞技场中与人一决高低。他们在驾车过程中，会故意撞向别人的战车（特别是在拐弯处），以此为自己赢得优势地位。

我们的游戏最好在户外宽敞的草地上进行。当然，也可以在家里玩，前提是家里空间要足够大，不至于一不小心就撞到墙上。游戏赛道不妨短一些，这样可以多几条平行的赛道。同时，单条赛道不宜过宽，这样可以让彼此有更多的肢体接触机会（这正是这个游戏的好玩之处）。参与游戏的人可以设法把别人撞出赛道，就像古罗马战士那样。

这个游戏可以有两种姿势。一种是手和膝盖着地，像熊一样爬行。另一种是手和脚着地，模仿螃蟹走路的样子。玩的时候，两种姿势可以轮换着来。模仿熊的姿势时，我们只能用肩膀碰撞对方。模仿螃蟹时，只能用屁股碰撞对方。要记住，让自己成为那个总被撞倒的人。如果以家庭为单位玩，那么先让成人像熊一样趴着，然后孩子骑在成人背上（这种玩法一定要在户外进行）。如果这个游戏在你家很受欢迎，那么你可以考虑买几套护膝，免得时间长了，膝盖会酸痛或受伤。

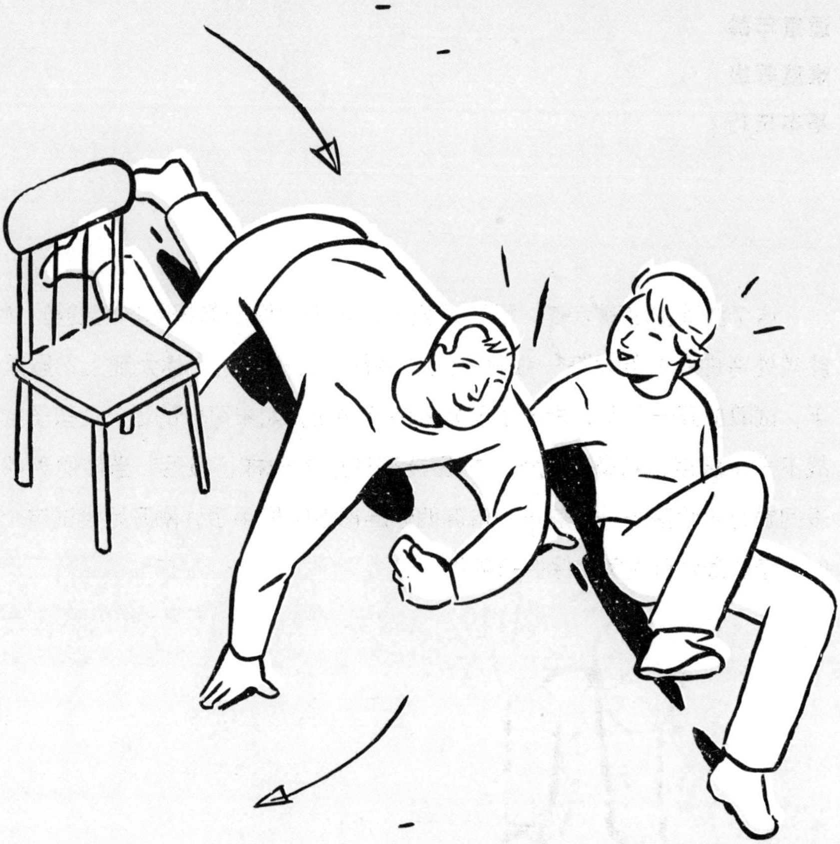

每一局可以轮换不同的姿势，一次模仿熊，一次模仿螃蟹。

勇挂悬崖

适宜年龄	3 岁以上
难度等级	中
基本技巧	精进技巧

这个游戏更注重合作，而不是竞争。首先，你准备好基本的姿势：臀部、膝盖处弯曲，好像坐在一张凳子上。接着，让孩子站在你大腿上，握紧你的手。试着放开一只手，看孩子还能否保持平衡。如果可以的话，让孩子继续挑战下一个难度：身体向后倾，好像挂在悬崖上一样。最后，当你们俩都觉得没问题时，给孩子一个信号，告诉他你准备悬空换手了。刚开始尝试这个游戏时，旁边最好有人负责保护和帮助。

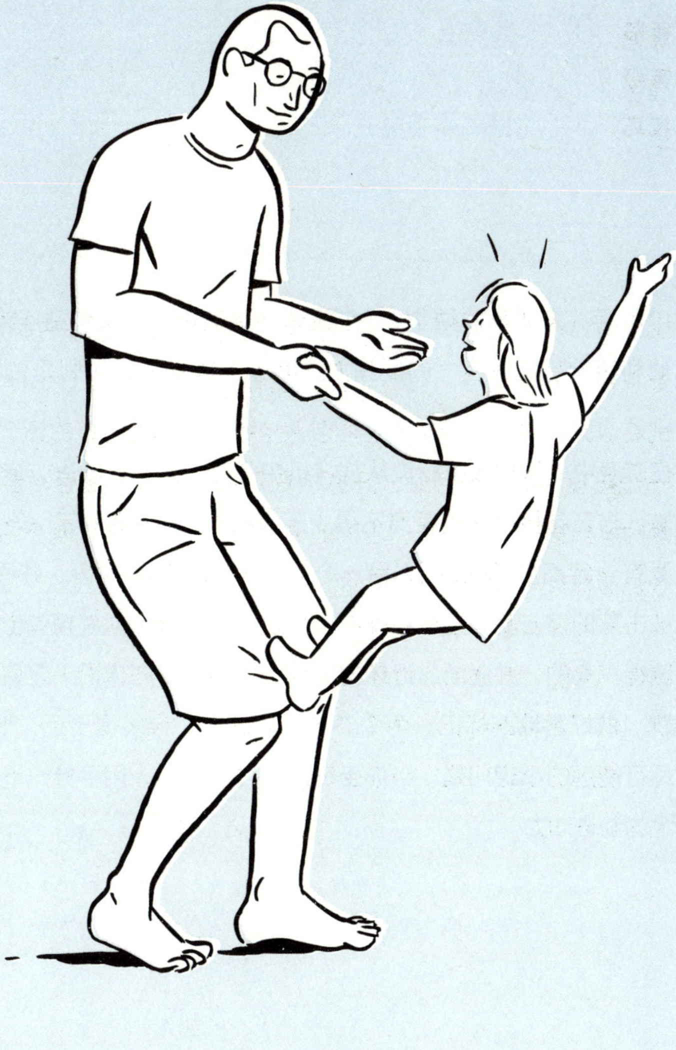

放开一只手，看能不能通过协调动作，继续保持平衡。

弹射座椅

适宜年龄	5 岁以上
难度等级	中
基本技巧	冒险，精进技巧

1916 年，发明家爱德华·凯瑟洛普为他首创的飞机弹射座椅申请了专利。当年他利用的是压缩空气的反弹力，而今天的弹射座椅则是依靠爆炸物的爆破力。

在游戏中，你和孩子轮流从战斗机中弹出，落在床垫上。床垫周围需要比较空旷，与天花板之间的距离不得少于 2.4 米。开始游戏了！一个人在床上蹦跳（要有一定高度和强度），另一个人发出战斗机的声音，并假装击落对方，这样被击落的那方就必须使用弹射座椅逃生了。被弹射座椅弹出的人，必须在床上蹦得高高的，并逐渐靠近床的边缘，最后跳坐在床沿上之后，往床下再奋力一跳，做好落地的标记。两个参与游戏的人，谁跳得更远，谁就赢得比赛。跳得尽可能远的小窍门是：当你坐在床边往下跳时，用手推一下床，帮你获得更强大的前进动力。

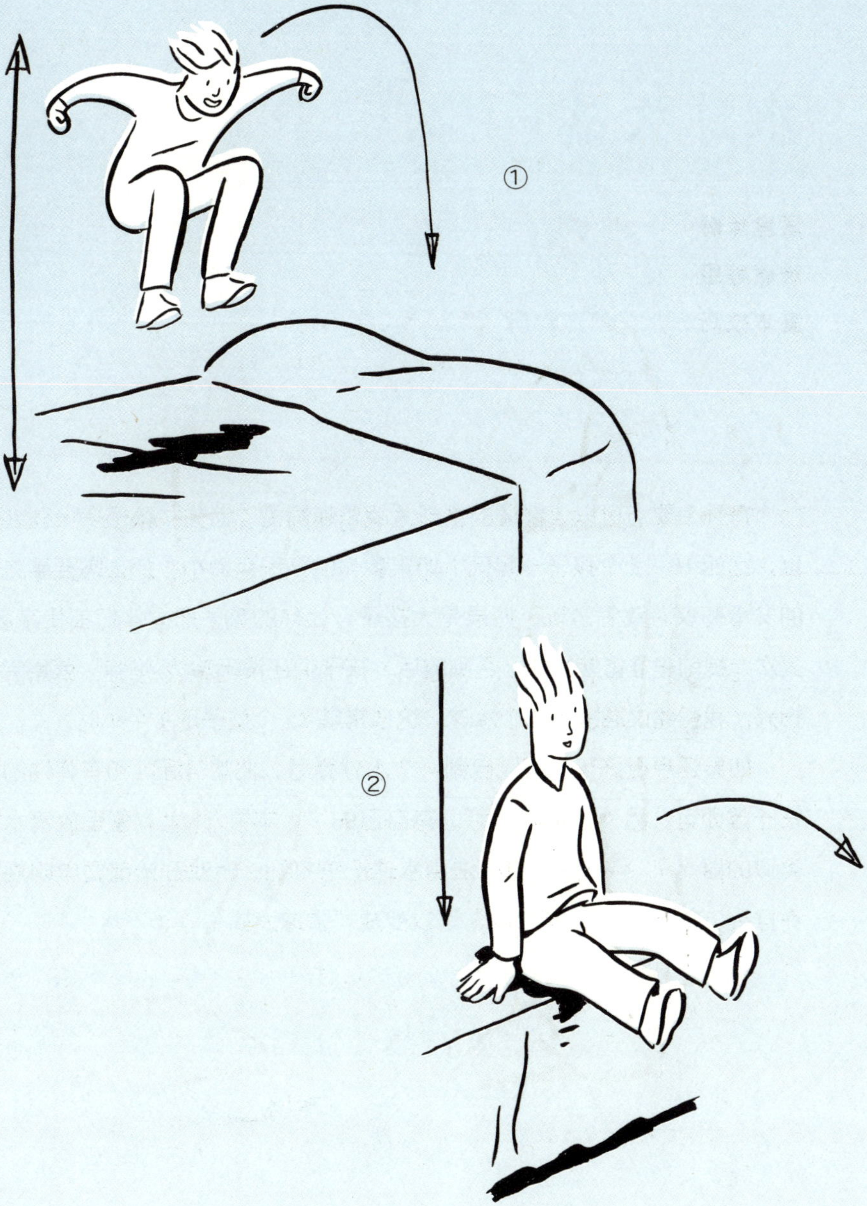

跳得较远的人获胜。

水球大战

适宜年龄	5 岁以上
难度等级	中
基本技巧	把握输赢

有几个要点可以让普通的水球大战乐趣翻番。首先，孩子多一些会比较好玩，比如 10~15 个孩子一起玩。如果参与的孩子年龄小，那么需要事先和孩子的父母商议游戏怎么玩。如果是大孩子，让你的孩子把同伴们都找来就行了。其次，提前多准备些水球。否则的话，孩子们还没玩够，“炮弹”就用完了，太扫兴。我们建议准备 300 个水球，这通常够 15 个孩子玩 1 个小时。

如果还想更好玩，可以自制一个水球弹弓，把塑料漏斗和有弹性的绳子绑在一起即可。另外，每队还可以有自己的“大本营”，大本营里放着水桶（或类似的器具），另一队人想办法用水球把它打翻。游戏开始前要申明规则：不许打头。冬天时，“水球大战”可以变成“雪球大战”。

水球大战够好玩的前提是，准备足够多的“炮弹”。

骑士决斗

适宜年龄 4 岁以上
难度等级 中
基本技巧 商讨和制定规则

史料记载，第一次马上枪术比赛发生在 1066 年。参加比赛的骑士的主要目标是让对方落马。

我们这个游戏采用同样的规则（只是略去了马这个道具）。你需要准备一块约两米长的窄木板，并准备几根浮水棒（或其他软棒）当作你们的长矛。故意互相挑衅，然后顺理成章地进入决斗。你和对手都要穿上“盔甲”，比如戴好手套、帽子、披风。把窄木板放在地上，你们俩分别站在两端。开始用软棒互相攻击，直到一方从木板上掉下去，另一方取胜。游戏前申明规则：不许打头。

游戏变形：你们站在窄木板上，但这次只用一根软棒，两人各抓住它的一头，同时，各自放一样东西在对方那边的木板上。你们的目标是，一只手抓着软棒，另一只手试图拿回放在对方那里的东西，而且不能从木板上掉下去。孩子会发现，只要他抓软棒的手突然松开一点，你就很容易掉下去。让孩子试试这个“诡计”，然后你假装生气地颁布一条“皇家法令”，不允许使用这样的欺诈动作。

用软棒攻击对方，直到对方落马。

巧套老牛

适宜年龄 7~12 岁
难度等级 高
基本技巧 精进技巧

你和孩子分别扮演老牛和牧童。找来一根直径 1 厘米以上、长 2~3 米的绳子，一双筒袜，一个有些重量的软球（如垒球）。把球塞入袜子中，绳子一端系住袜口，做成套索。这个游戏的最终目标是，牧童成功地将套索绕到老牛的脚踝上，一旦被套住，老牛就必须听牧童的话。只能套腿，不能套脖子。

游戏变形：和多个孩子一起玩时，孩子们扮演小牛，成人扮演放牧人。小牛围着放牧人，站成一圈。放牧人贴着地面把套索甩出去，这时小牛要跳起来躲避套索。如果哪只小牛不小心被套索套住，就要被放牧人圈禁起来。

只能套腿，不能套脖子。

有关比赛类游戏的真实故事

大约 100 年前，伟大的儿童心理学家让·皮亚杰专门研究了游戏中的儿童。他大概是第一个把“游戏”当作严肃课题来对待的科学家。他发现，游戏能教会孩子公平、道德以及如何坚持自我和力挺朋友。不管你信不信，皮亚杰认为，游戏对孩子的最大价值之一，来自孩子们争论、商议规则的过程。所以，如果他知道今天孩子们的游戏大多数时候都是由成人安排和组织的，他一定会极力反对。

虽然皮亚杰认为孩子们之间对于规则的无休止争论意义重大，但大部分父母却有点儿害怕它。如果你像我们一样，是普通父母中的一员，你一定对孩子说过这样的话：“如果你们继续为这些鸡毛蒜皮的事争论不休，那你们就没时间玩了！”

有一天，科恩的女儿艾玛和她的朋友加布正在玩捉迷藏。不过在成人眼里，那根本不算是玩。因为她们决定玩捉迷藏之后却并没有付诸行动，而是一直在争论该玩哪种捉迷藏。正当科恩第 10 次催促她们别再争论，要她们赶紧开始玩的时候，加布的爸爸在一旁温和地说：“嘿，没关系！我觉得她们把争论当成了一种好玩的游戏。”原来，儿童心理学家也会错过这样显而易见的事实。

相比其他类型的打闹游戏，比赛类游戏更容易让孩子紧张。有些孩子对游戏规则表现得很紧张（也许这源自过去成人的过多干涉）。释放这种紧张最好的办法，就是在游戏过程中制定一些滑稽的规则，而孩子知道，这些规则是可以被打破的。别担心，这并不会影响孩子遵守某些必要的规则。事实上，这反而有助于孩子更好地遵守规则。因为以游戏方式打破规则的过程，能释放孩子因为规则而积累起来的紧张感。

用“枕头大战”（见 74 页）来举例说明一下。你可以郑重其事地在游戏开始前宣布：“好了，朋友们，今天我们只有一个规则，那就是绝对不可以用枕头打我的头！我可是认真的哟！”当然，这时你的声音和表情一定要传递给孩子另一个信息：“其实我是说着玩的！你们当然可以打我的头。”（就像第 1 章里我们提到的恒河猴脸上的游戏信号以及狗和狼做出的游戏姿态一样。）这个游戏的重点就在于，允许孩子以游戏的方式打破规则，把枕头扔到你脑袋上。接着，你还要假装生气地追他，不过要记住，整个过程要表现出轻松、好玩的状态。如果你愿意的话，还可以假装在马上要抓住他时不小心被绊倒或跌倒，制造出更多喜剧效果。一边跌倒在地，一边还宣布新规则：“你们绝对不可以趁我倒下的时候，还拿枕头打我！”孩子不理会你的“新规则”，继续欺负你的时候，正是孩子积累自信、加深与你之间亲密关系的过程。这个游戏及其引发的笑声，释放了孩子对规则的过度紧张，在更加放松、亲密以及自信的状态下，孩子自然表现得听话、懂事，并愿意主动遵守规则。

“战车之战”（见 76 页）也有助于释放规则带来的紧张。当你和孩子在自制的角斗场赛道上竞赛，并企图把对方撞翻时，可以根据情况随时调整规则。比如当孩子期望赢得每一场比赛时，就会给你制定一些“不公平”的规则。他可能要求你的两根鞋带必须系在一起，或者你被撞翻后必须保持不动，定住10秒。而你的任务就是听从他的规则，但表面上用滑稽的语气抗议：“这不公平！”既然这是打闹游戏，你也做好了“自我设障”（见11页）的准备，那么就痛快地让孩子的规则说了算吧。

有的孩子（像成人一样）对于输赢的结果极其焦虑，以至于无法摆脱这类困扰和阻碍。波波是一个十足的运动迷，但他几乎从不参加比赛，因为他不能承受输的结果。为了帮助他，我们发起了“输赢游戏”，这个游戏我们之前跟很多孩子玩过。游戏很简单，你先说：“我们玩一个输赢的游戏吧！”孩子一定会满脸疑惑地问：“你说什么？”

直接对他解释说，你注意到他对输赢这个问题好像有些困扰，所以你想玩一个有输赢的游戏，以帮助他解决这个难题。我们把这个过程称为“把问题带入游戏场”。你可以稍停一会儿，等等看他有没有好点子。如果他想不出来，你就可以提出建议。比如简单地把一枚硬币抛向空中，你们俩猜正面朝上，还是反面朝上。猜对了、赢得比赛的人，跳一段夸张的胜利之舞。猜错了、输掉比赛的人，假装大发脾气：“你肯定作弊了！不公平！”这就是游戏的全部过程。最后不管输了还是赢了的人，都会笑个不停，然后你们再不停地重复这个游戏，只要孩子觉得好玩。

孩子并不会因为这个游戏，变得不懂比赛规则。相反，当孩子在笑声中释放因过度关注输赢引发的紧张后，他不仅能在面对失败时更有气量，而且面对成功时也更有风度。

另一个帮助好胜心极强的孩子的办法是，让他通过团队合作提高竞争力。让他联合一个伙伴（朋友或兄弟姐妹）来对抗你（比如把你摁倒在垫子上），这样他就会发现，合作比单枪匹马的力量要大得多。你还可以把称赞和奖励的重点放在努力程度、个人特点、优雅态度和运动精神上，以此弱化赢的狂喜和输的痛苦。

另外，对一些孩子来说，即使练习最基本的运动技巧，也会让他们非常紧张。比如，一个男孩在一整年的游戏时光中，每一次都要跟爸爸妈妈强调："别太难了，我还是幼儿园的小朋友呢！"幸运的是，只要爸爸妈妈循序渐进地提高难度，让他积累自信，他表现还是不错的。而有的孩子甚至连这点都做不到，一遇到挫折，便立刻放弃，以至于最基本的运动技巧，如扔、抓、踢、跑、平衡，他们都无法掌握。

如果遇到这种情况，父母要做的第一件事，就是跟孩子共情："哥哥姐姐那么棒，你却做不到，真让人难过啊。还被人笑话，那就更不好受了！"想让孩子鼓起勇气再次尝试，共情比对孩子说"没关系，才多大点事啊！"或者"你太让我失望了！"要有效得多。

接下来，你就该表演跌倒、丢球甚至被自己绊倒了，这会让孩子咯咯笑起来。在笑声中，他之前觉得"自己太笨"的沮丧感会慢慢释放并疏解。即便他说一些"残忍"的话笑话你，你也不要批评或教育他。他只是借机把曾经遭遇（或害怕遭遇）的嘲笑所带来的痛苦感受表达出来罢了。此时你应该平静面对，甚至继续通过游戏释放孩子的感受："哇……我跌倒了，你竟然嘲笑我！呜……我怎么又跌倒了？！"如果你试着用这类游戏方式化解难题，你就会发现，那些阻碍孩子积极学习的负面情绪会烟消云散，并且不会给任何人带来麻烦和伤害。

最后，每当你和孩子玩一些让他喜欢的游戏时，尝试融入运动技巧的练习。不要单纯做枯燥的训练，除非你的孩子就喜欢这样。在练习的过程中，多跟孩子保持肢体接触，比如他完成一个动作后，给他一个熊抱或击个掌。比赛类打闹游戏中有很多融入技巧练习的机会，比如利用"枕头大战”（见 74 页）练习扔和接，利用“勇挂悬崖”（见 78 页）练习平衡。

孩子进入群体游戏时，很容易担心自己被排斥在外。这时，成人应该起到引导的作用，让每一个孩子都感觉到自己是群体的一部分。比如让孩子们自己商议、决定大部分游戏规则的同时，你坚持加入一条：每一个人都必须参与到游戏中去，尤其那些弱小或者新加入群体的孩子更不能被排斥在外。作为一群孩子当中的成年人，你根本不必表现得很强势，自然地提出建议就可以，比如：“每个人都有份啊！”或者“我得帮帮乔，他之前没玩过这个游戏”，“娜塔莎得多试几次才能击中球”。

比赛类游戏中，最后一个容易引发紧张的因素是受伤，以及受伤后极易流露出的软弱。科恩曾发明了一个“指定尖叫者”的游戏，它可以帮助那些即便受伤也要强忍的孩子。莱斯是一个很爱运动的 7 岁男孩，有一次打篮球时不小心把膝盖碰伤了，而且伤得很厉害，但他居然立刻站起来，想继续打球。可以看出来，莱斯感觉很疼，但他却极力否认，仍坚持要继续打。既然无法劝说他暂停下来去休息，科恩只好另想办法。他开始跳上跳下，并号叫着：“哎哟！我的腿痛死了！”

莱斯见科恩这样，就问：“你怎么了？”科恩一边接着滑稽地号叫，一边解释：“就像棒球里的指定击球者一样，我现在是你的‘指定尖叫者’，专门帮你尖叫。这样，你就可以不受干扰地继续打球了。”莱斯是波士顿红袜棒球队的铁杆粉丝，他立刻明白了这个笑话，并且嘲笑起科恩单腿蹦跳的滑稽样子。不过，很快莱斯就决定让自己受伤的腿休息一会儿。这可是很大的进步。

看到科恩夸张（但不带嘲弄）地表演出疼痛，这让莱斯克服了“自己看上去很蠢”（或者“娘娘腔”，这对有些男孩来说是世界上最可怕的事）的担心。如今在专业赛场、大学甚至中学的球场上，受伤时常发生，这居然被当作一件很丢脸、不宜声张的事情。事实上，留心自己的伤势，不但不是软弱的表现，反而是聪明之举。

像其他打闹游戏一样，比赛类游戏也可以随时随地进行。比如平时和孩子一起运动时，尝试加入“身体接触”这个技巧。当你在棒球运动中把孩子触杀出局，或者孩子投篮得分时，你们可以给对方一个拥抱，或者假装“挑衅”一下对方。你甚至可以把安静的室内游戏，比如“飞行棋”，变成充满活力的打闹游戏：拿一个大大的沙发靠垫架在沙发上，每当一个游戏者走到“滑梯”那格，他就要跳上靠垫的顶端，然后顺着靠垫滑下来。你也可以把冒险元素即兴加入游戏中。以“骑士决斗”（见 84 页）为例，你可以在木板下垫几块砖，这样你们“打斗”时就更难站稳，也更刺激。

这一章即将结束时，我们分享一下布兰登的故事。很长一段时间里，布兰登都用心投入一笔不菲的资金给自己和三个儿子买各种比赛的门票。他把这当成与儿子相处的宝贵时间。可是他没想到，每一次外出都变成一场灾难。男孩们看上去意兴索然，互相厌恶，并且只热衷于买各种纪念品，以及提出各种无理要求。布兰登冲他们嚷嚷，并威胁说再也不带他们看比赛了，但男孩们只是耸耸肩，依然无动于衷，这让他更加恼火。有一天，布兰登的妻子建议，在买票前问问三个儿子，在难得的“爸爸时间”有没有别的想做的事情。布兰登持怀疑态度，但他还是去问了。

结果，每个孩子想和爸爸做的事情都不一样。老大想去公园运动，而不是坐在看台看别人比赛。老三对运动根本没兴趣，只想和爸爸玩打闹游戏，父子俩发现，他们都特别喜欢狂野版枕头大战，以及任何可以让他们蹦床的活动。更让布兰登吃惊的是，老二其实是喜欢跟爸爸去看比赛的，但他讨厌哥哥和弟弟在一旁。于是，布兰登决定有时和老二一起去看比赛，有时和老三玩打闹游戏，有时陪老大拉几个小伙伴一起去公园玩。布兰登非常享受和每个儿子一对一的单独时间。过去，为了保证和儿子们高质量的相处时间，他那么坚定地拉着他们一起去看比赛，现在回想起来真是哭笑不得。

第 5 章

身体接触类游戏

如果你和别人摔过跤，

就会知道生活中的其他事情都很简单。

——

丹·盖贝尔（Dan Gable）

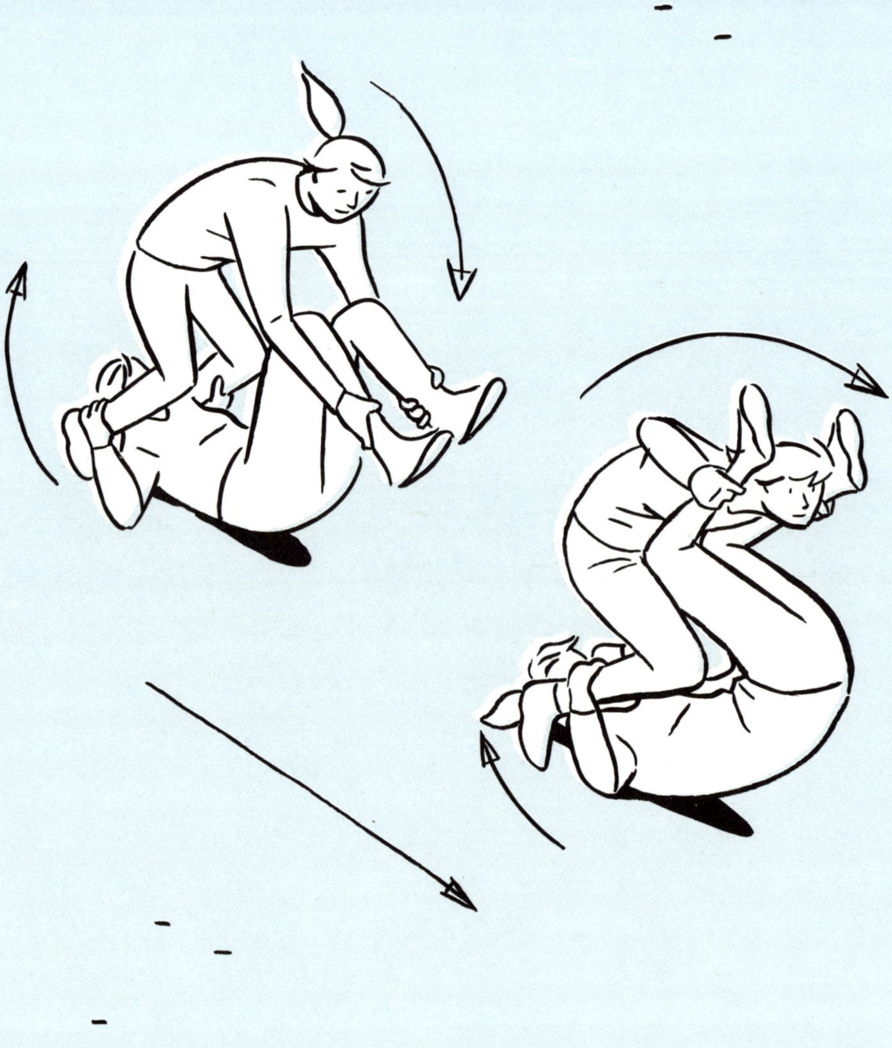

无论是摔跤游戏，还是一般的追逐、翻滚，“身体接触”始终是打闹游戏的核心特质之一，也是人际互动中既原始又重要的部分。

人是社会性动物，因此与他人的联结十分重要。与他人拥有亲密、温暖，充满爱的联结，而不是被孤立、孤单的感觉困扰，这是幸运的。在任何一种文化中，健康的身体接触都是传递亲密联结的最基本方式。虽然所有人在两三岁之后，都渐渐学会用语言表达爱，但它无法取代身体接触，因为只有身体接触最清晰地告诉对方“我们在一起”。

在身体接触的各种方式中，有两种对我们的生活影响巨大。一种是温柔的方式，比如轻轻摇晃宝宝，哄他入睡。另一种是好玩的方式，比如你把孩子抱在怀里，假装一起滚下山去（见 106 页“压路机”）。这两种身体接触的方式都能激活触觉神经元，以及负责满足、快乐等感受的大脑回路，因而只要有了这两种身体接触，人自然就会产生愉悦的感受。恰当的身体接触，会让人体释放“催产素”（也被称为“拥抱激素”），然后立刻拥有安全和联结的感受。这也是为什么我们建议在所有打闹游戏开始和结束时都要拥抱或击掌。

当我们与他人有身体接触时，大脑里释放的化学物质不仅会唤起愉悦、快乐、兴奋的感受，而且还具有疗愈作用。恰当的身体接触，有安抚、镇定、充电和疗愈的功效。比如，伴侣之间充满爱的亲密接触，有利于心血管健康。一项持续多年的研究得出结论：亲密接触越多，动脉血管越干净，越不容易堵塞。亲密的拥抱就像利滚利一样，收益不断叠加，积累成我们的快乐感受。而当我们感觉越快乐时，压力就会越小，因此这不但有利于心血管健康，对人际关系也十分有益。

在过去 20 年里，我们不遗余力地教孩子分辨好和不好的身体接触，以便让他们能够判断和拒绝恶意的接触。这样的教导非常必要，但同时也要留意，过分强调不好的一面，会不会让大家忽略恰当的身体接触的必要性。之前提到的，一所中学因为一起意外的暴力事件而禁止一切身体接触，就是过于偏激的做法。

约翰是一位课后辅导班的老师。他对科恩讲述了一个幼儿园中班孩子的故事。当这个孩子转入一所新的幼儿园时，他因为太想交朋友而想出一个办法：亲吻他遇到的每一个小伙伴。有的孩子可以接受这种方式，但大部分孩子并不喜欢，老师尤其反感。约翰意识到，这个孩子需要换个方式交朋友，于是就教他击掌。这个孩子学会后，立刻就和小伙伴试了起来，结果真的好多了。

由此可见，不论是失控的暴力行为，还是过头的表达喜欢的方式，都不能通过禁止身体接触去解决问题。真正的解决办法反而是鼓励更多正向的、让双方都舒服的身体接触。媒体一直担心性行为和攻击行为的泛滥，其实它们也会因健康接触方式的增多而得到缓解。打闹游戏就能提供健康的接触方式，让孩子明白，我们有无数种表达亲密和联结的身体接触方式。通过这些方式，我们传递出来的是友谊、亲密和乐趣，而非性或暴力。

圣塔芭芭拉研究生院教授艾德蒙·奈顿（Edmund Knighton）一直致力

于将高品质的摔跤项目引入学校。他认为两三岁以上的孩子都能尝试摔跤，因为它对孩子的身体发育和心理建设有着极大的好处。但是，不论他花多少时间向成人解释摔跤的好处（如增强力量、激发韧性、带来快乐、恰当面对输赢），他仍然会遭到强烈的质疑：这样高强度的身体接触运动会不会太危险？

奈顿提出的消解质疑的办法，我们举双手赞同，那就是尝试教父母和老师摔跤，从站立的、对抗性不强、轻松愉快的动作开始，然后循序渐进地加大难度（就像第 2 章中我们推荐的热身环节一样），直到大家尝试真正的摔跤——可以把别人推倒在地，也可以被别人推倒。他告诉我们："只有亲自上阵，才能明白这和暴力没有丝毫关系。当孩子们学会了这种摔跤后，他们在游戏结束时会有一种酣畅淋漓的释放感，以及对身体极佳的本体感和掌控感。摔跤其实是一种互动性很强的'双人舞'。它虽然是以比赛的形式出现，考验的却是我们能否与对方调整到同一频道，而不是谁能赢得比赛。因此，摔跤不但不会伤害关系，反而有利于建立亲密关系。"

当我们的生活和媒体中充斥着极端暴力事件时，我们很容易焦虑，并对摔跤之类的活动抱有偏见和担心。表面看来，身体接触频繁的打闹游戏和攻击行为有类似之处，但如果你仔细留意参与者的表情，就会发现两者的本质区别。游戏式的摔跤看起来是扭打在一起，但表情却传递出高兴的情绪，完全不同于真正打斗带来的痛苦、恐惧和愤怒。攻击行为导致的是关系的破裂，而打闹游戏带来的是联结的加深。

打打闹闹是一种社会性极强的活动，它像一场舞蹈，需要参与者与他人调到同一频道。一项针对老鼠的实验表明，追逐打闹之类的活动会激活大脑中负责互动的区域，它也叫"社会脑"，主管社交活动所需的技能。

那些不懂打闹或者社会脑受损的老鼠，将失去与其他老鼠玩耍或交配的能力。

除了建立和加深与他人的联结，带有身体接触的打闹游戏还让孩子有了更多探索身体力量和灵活性的机会。这两者的结合往往能造就一个机敏的人。这种机敏指的不仅仅是身体素质，也包括心智能力。你可以看到的是，运动员在赛场上展现出极高的身体掌控力，但你可能不知道的是，他们的心智能力也必须强大到足以匹配外在的身体表现。安东尼·佩列格里尼指出，打闹游戏中有许多爆发力强大的动作，很像运动员为了强化心血管健康而做的“间歇训练”。所有这些都能为孩子一生的健康打下良好基础，而不是让孩子在电子屏幕前落下一副不健康的身架。

对自己身体和运动能力感觉良好的孩子，有着更强的自控力，以及与同龄人交往的能力，所以他们走出家庭、走出自己熟悉的环境，踏入陌生的世界时，也会更自信、从容。

身体接触类游戏的基本技巧

练习 和孩子“对打”前，先找一个枕头或柔软的东西进行练习，以防止一个炫酷的动作变成砸锅的悲剧。做高难度的动作时，需要有人在一旁保护和帮助，这个人也需要练习。

增强力量 大部分动作都对力量有基本要求，以保证你安全完成动作。这并不是要求你变成健美先生或健美小姐，但你可能需要在游戏之外增加一些力量训练。

提供适度的阻力 你和孩子对抗时，应该提供恰到好处的阻力——孩子尽力后就可以冲突你的防线，或者把你推倒。阻力太大，容易导致受挫，进而放弃。阻力太小，则缺乏挑战和乐趣。通常，你需要从较小的阻力开始，根据孩子的情况逐渐加大阻力和难度。

提升柔韧性 在开始游戏之前，做一些温和的伸展运动。即便你足够灵活（事实上，大部分人并不灵活），一些伸展练习或瑜伽动作也会让你在游戏时更加柔韧、灵活，你和孩子会因此更加享受游戏。

自我设障 如果孩子比较弱小，或者不够自信，那么你就需要扮弱，以匹配孩子目前的状态。随着他越来越强壮和自信，你逐渐加码，提高难度。当他依靠自己可以轻松打败你时，那么就该换他扮弱了。

摔跤

适宜年龄	2 岁以上
难度等级	低
基本技巧	提供适度的阻力，自我设障

挽起袖子、摘掉领带，你就可以立刻开始和孩子玩摔跤游戏了！表面看来，摔跤像对抗性的打斗，实际上它的核心却是联结。我们这里推荐的摔跤最接近日本柔道，而它的名字恰好说明这是一种温和的互动方式，参与者始终处于双人舞般流动的状态。

摔跤最关键的一点是双方力量的匹配。也就是说，孩子弱小时，我们要懂得退让，随着孩子的强大，我们逐步增加挑战性。如果你比孩子高，游戏时你最好跪着甚至四肢着地（尤其是刚开始）。两人互相抓握住对方，推倒对方，甚至在地上翻滚……推、拉、滚这些动作都可以，拎举、猛击、脚踢、锁住头、手肘攻击、抱举对方猛摔在地这些动作不可以。摔跤式的打闹游戏可以自由发挥，也可以设定目标，比如：

- 把对方的肩膀压在地上若干秒，就算赢。时间长度可以事先商量好。孩子把你压在地上时，要确保他在尽全力。
- 两人躺在地上抱成团，轮流使劲儿，朝一个目标滚去。
- 一个人四肢着地，另一个人想方设法把对方按倒在地，被按倒的人脸朝上或朝下均可。
- 用床单或围巾圈出一个类似拳击场的地方。一个人站在当中，另一个人使劲儿把他推出“拳击场”。

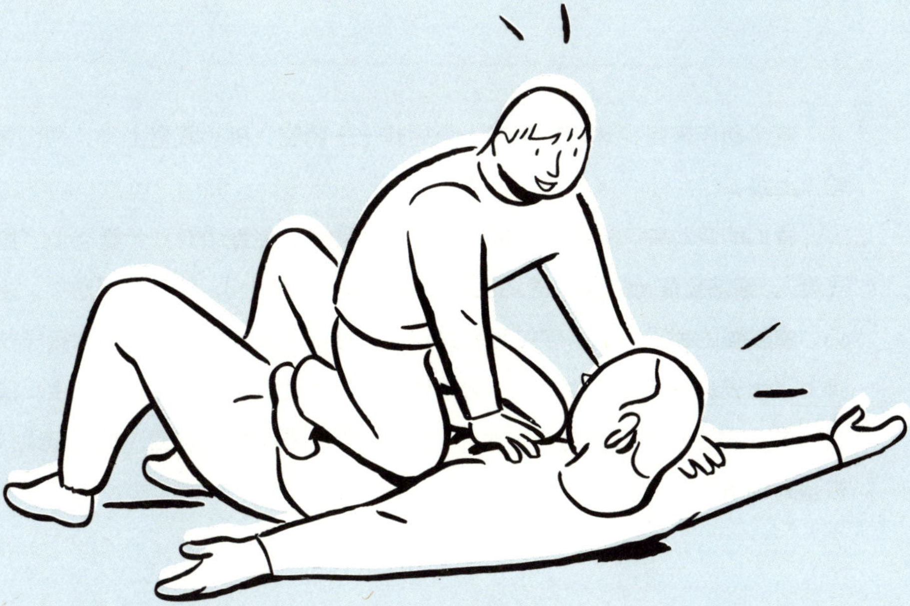

双方力量要匹配，孩子弱小时我们退让，孩子强大后我们提高难度。

腾空飞脚

适宜年龄 | 2~5 岁
难度等级 | 低
基本技巧 | 增强力量

这个动作来自少林功夫中的一个招式——腾空飞脚：双臂上举，两脚腾空轮流上踢。

我们的游戏中，你不用完成向上踢打的动作，但整个游戏步骤类似“腾空飞脚”。你站立在一处柔软的地面上（如地毯、草地上），让孩子面对你，坐在你力量较强的那只脚上。你拉着他的双手，把脚飞向空中，同时也让孩子从你脚上飞出去。继续拉紧他的手，帮助他平缓落地（而不是落在你的脚上，脚弹出后要立即收回，稳稳地落在地面上）。不要在硬地面上尝试，否则如果孩子被弹到较高的地方，落地时容易受伤。

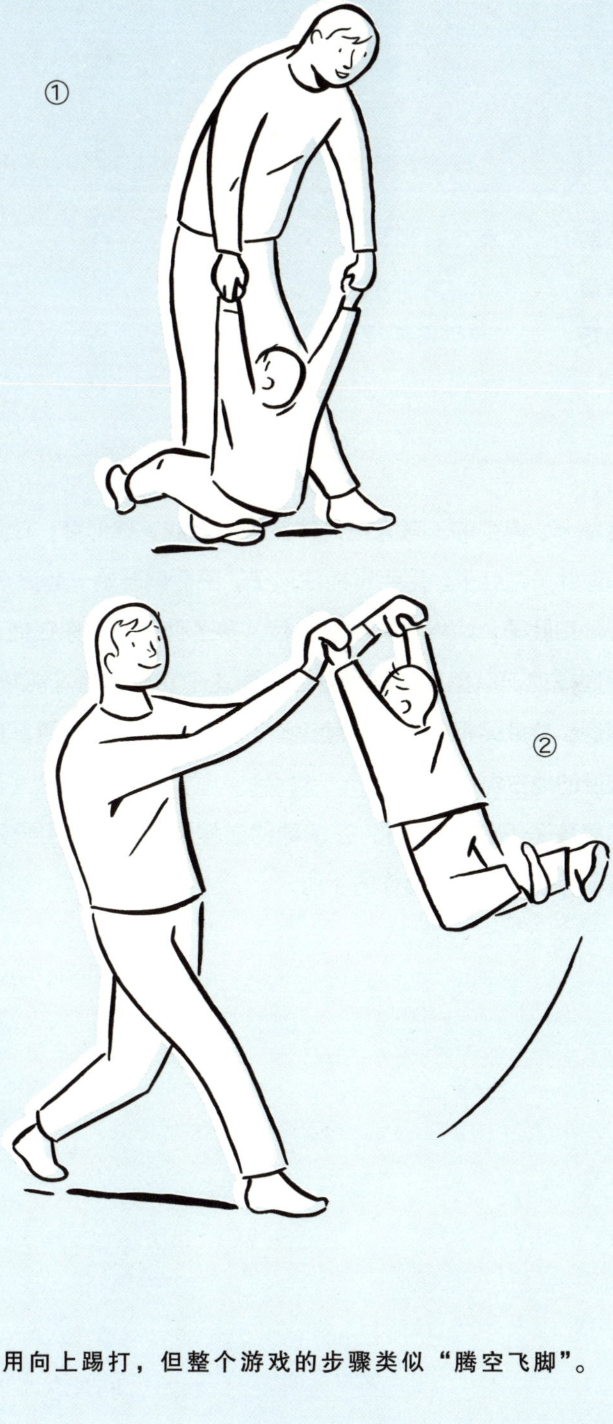

你的脚不用向上踢打，但整个游戏的步骤类似“腾空飞脚”。

压路机

适宜年龄	6 个月以上
难度等级	低
基本技巧	提升柔韧性

这是一个典型的、有大量身体接触的游戏。你仰卧，让孩子趴在你的肚子上，和你肚子贴肚子。用手臂抱住孩子，然后就开始一起滚吧！

肚子和肚子，始终要紧贴在一起。孩子仰卧时，你在他正上方。这时，你要用手肘撑地，以免压在孩子身上，而这个支点也恰好能帮你继续向前滚动。转 3 圈后，换成朝相反方向继续滚动。当你在平地上熟练掌握动作后，可以换个有坡度的地方再试试。

如果孩子不到 18 个月，在滚动的过程中，你需要用一只手托住他的后脑勺，滚动的动力全部来自你的手肘。

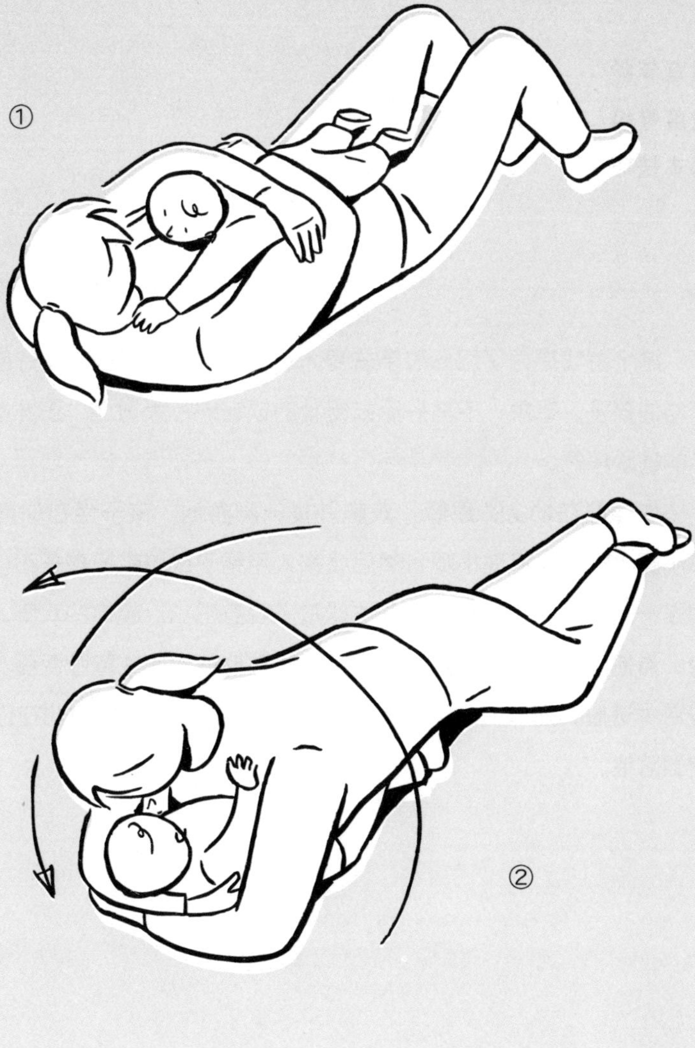

在平地上熟练掌握动作后，可以换个有坡度的地方再试试。

绳索逃遁

适宜年龄 | 2~4 岁
难度等级 | 中
基本技巧 | 增强力量

这个游戏是为了纪念表演脱身术的伟大魔术师哈里·乌丹尼。它尤其适合年幼的孩子。想象一下乌丹尼被粗壮的锁链绑在大树上，正准备完成一次不可能的逃脱任务。

你仰卧在地上，屈膝，双腿并拢，脚着地。孩子坐在你脚上，后背靠在你小腿上，手也抓住小腿。然后让家人用绳子或胶带把孩子和你的小腿松松地捆在一起。然后，就开始想办法帮孩子脱身吧！抬起你的双脚，把孩子举向空中，当他几乎呈倒立姿势时，你用手扶住他的肩膀或胸腔两侧，让他从宽松的胶带中逃脱，同时叫他“快跑”，为他加油。最后，帮助他在你头顶上方向后空翻落地。

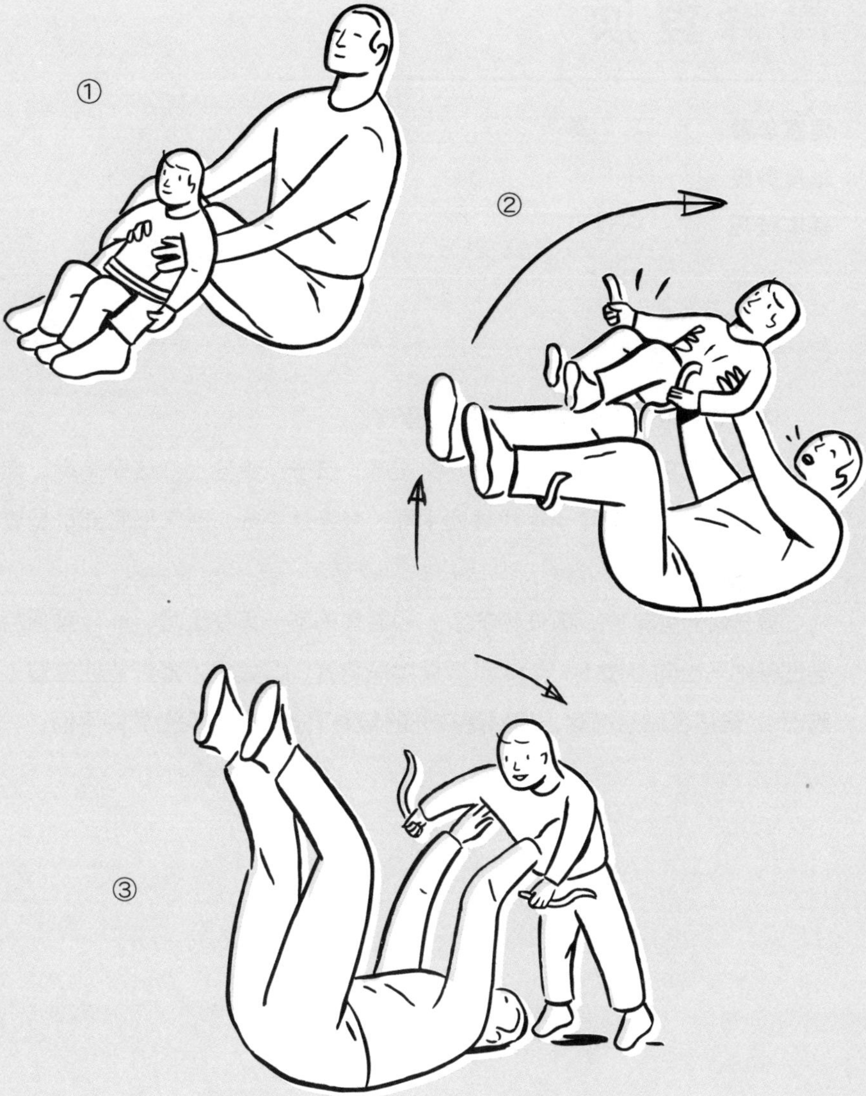

孩子很喜欢这类假想游戏：扮演魔术大师，完成不可能完成的逃脱任务。

高峰登顶

适宜年龄	2~7 岁
难度等级	中
基本技巧	增强力量

你可知，世界上第二高峰是乔戈里峰。

这个游戏中，你扮演迷你版乔戈里峰，孩子负责登上你这座高峰。你们站立的地方（如地板或垫子）代表海平面，你身体中间（通常是胯部）是登山的营地，肩膀是山顶。

孩子面对你站立，抓住你的手，顺着你的腿一直往上登。一旦登顶后，再尝试各种下山的办法（见 118 页“悬崖探路者”）。如果下降到营地位置（你的胯部），最适合做后空翻，当然是在你的帮助下。最后，回落到海平面。

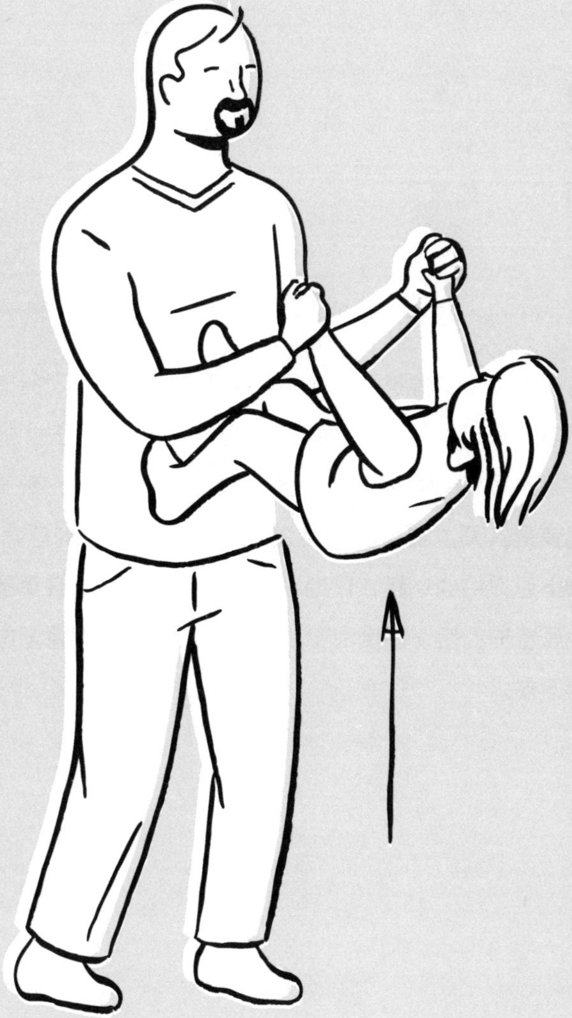

孩子登顶后，再尝试各种下山的办法。

高空飞落

适宜年龄 0~2 岁
难度等级 中
基本技巧 练习

让孩子坐在你的肩膀上，你的双手托在他腋下（大拇指向前，这样剩下的手指和手掌，可以扶住孩子身体的两侧）。快速将孩子举起，让他飞过你的头顶，降落到地面上，就像日本武士潇洒地从高楼上飞下来一样。

游戏变形：两岁或两岁以上的孩子可以顺着你的后背滑下来。握住他的手臂或腋下后，将他举起，让他趴在你肩膀上。你的身体稍向前倾，然后扶着他，让他顺着你的后背慢慢滑下来。当他滑落到你腰臀部位时，剩下的可以让他自己滑下去。

举着孩子飞过你的头顶，降落到地面上，就像日本武士从高楼上飞落一样。

旋风飞转

适宜年龄 | 3~7 岁
难度等级 | 中
基本技巧 | 练习

这个游戏的名字来自“超人”的一项超能力：像旋风一样飞速的行动力。

让孩子背对你站立，距离你 30 厘米左右。让他把头低至胸前，两手顺着双腿之间伸向后背。你抓紧他的手或小臂向上拉，孩子自然做空翻动作。这样快速的过程，让孩子（在你的帮助下）在空翻的过程中找到旋风般的感觉。动作的关键是，你一边提拉孩子的手，一边协助他完成翻转。否则的话，孩子的头容易撞地。刚开始练习时，一旁最好有人帮助他提腿、翻转、落地。在孩子头向下的位置放一个枕头，可以起到很好的保护作用。

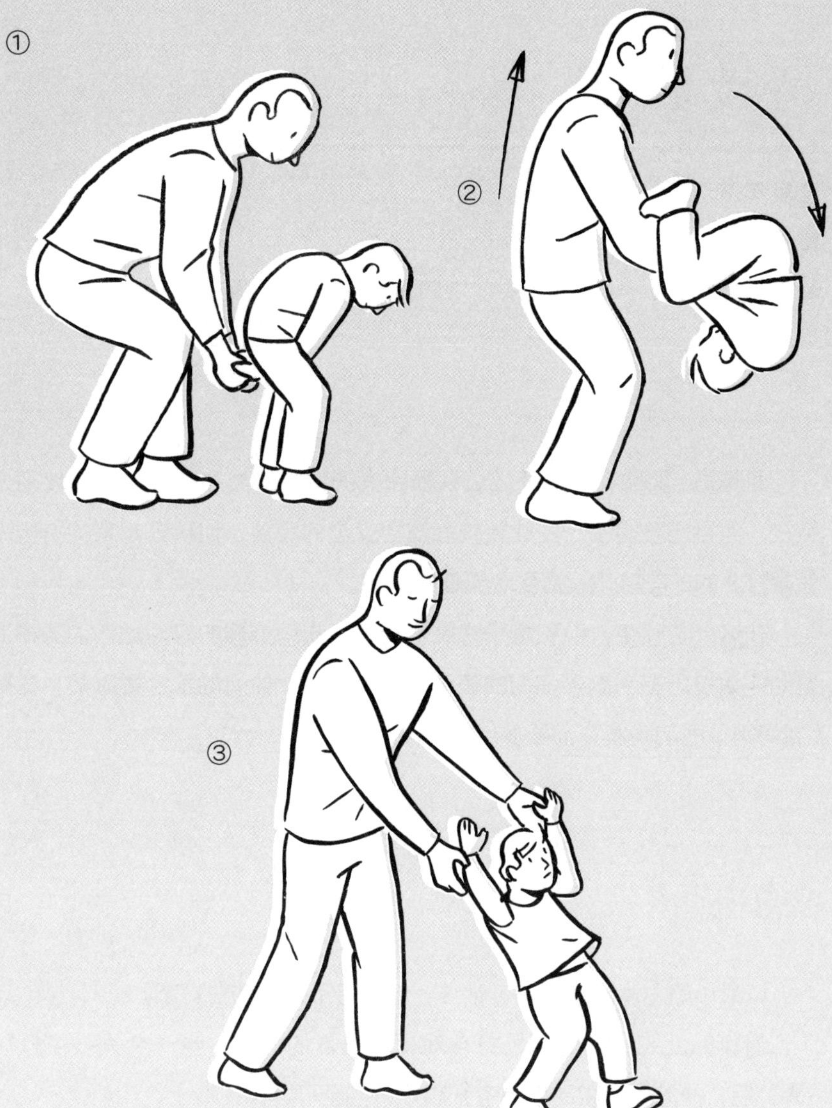

动作的关键是，一边提拉孩子的手，一边协助他完成翻转。

特技表演

适宜年龄 | 7~12 岁
难度等级 | 中
基本技巧 | 练习，提供适度的阻力，自我设障

亚基马·坎纳特是好莱坞公认最伟大的特技演员之一。他不仅教别人表演特技，而且还发明了一些让特技表演更安全的装置。他积累起来的特技表演和荧幕打斗的一些技巧，直到今天还在沿用。

在这个游戏中，你和孩子将展示一套事先编排好的打斗动作。请将下面这些动作和技巧提示融入你们的表演中。重点是，你们的配合要默契，在摄像机（或妈妈）面前表演之前要多练习。

要领提示

以最小的力度触碰对方。记住，你们可不是真的在打架。

逼真的反应。这是一场打斗戏是否逼真的关键。当一个人被“打”或被“踢”后，他的反应和动作越夸张越好，甚至可以倒在地上。

跟随孩子。问问他，想当歹徒，还是英雄？

排练、排练、排练。你练习得越多，表演起来就越逼真，连对话的戏码都得练习。

动作技巧

拍打 假装打对方的脸时，可以在他的脸附近做出“啪”的声音效果。通常是，打过对方后，顺势迅速拍一下自己的另一只手。

拳击 平勾拳比上勾拳、捅和戳要更容易表演，因为你的对手可以顺着你的平勾拳向外飞去。不管是出手的人还是被打的人，都可以通过捶自己的胸来做出声音效果。

脚踢 有两种方式。一种是后踢：从对手身边跑开一点儿，然后向后踢他。另一种是用膝盖顶：抓住对方的衣领，把他按向你膝盖处，假装用膝盖顶他。对方配合头部上扬，做出被踢后的痛苦反应。

推拉 多做这组动作。比如一个人倒地时，另一个人还不肯放过，继续把他拉起来对打。

游戏变形

熟悉上面这些技巧后，再试试用慢动作打斗。所有动作，包括拳打脚踢、被打后的回应、倒地或重新站起来……都用极慢的方式呈现。在慢动作表演中，你们可以有真实的身体接触，而且也不需要太多的排练，因为慢动作足够保证安全。

悬崖探路者

适宜年龄	2~7 岁
难度等级	高
基本技巧	练习，增强力量

这个游戏的灵感来自美国密歇根州睡熊沙丘一条陡峭的徒步路径——帝国悬崖。

和孩子面对面站立。让孩子弯腰，头低至你大腿位置。抓住他的胯部，让他的下肢向上翻至你的胸前。帮助孩子空翻的同时，抬起你的左腿，将孩子托起，这不但抬高了孩子的位置，而且可以抵住孩子的后肩，为他提供支撑力。继续抬高孩子，直到他可以坐在你左肩上，面朝后方，腿悬空在你后背处。在这个地方，用你的左手和手臂环绕在他腹部附近，右手支撑住他的后背。

上面是登上悬崖的动作。想从悬崖上下来，有两个方法：一个是以你的肩膀为支点，他把脚从你头部左侧撤回你身体前方，然后顺着你的身体滑落到地面上。另一个办法是，他直接跳到你身后的沙发或床上。任何一种下落方法的关键都在于，不让孩子仅在重力作用下自然下落，而是要利用你胸部（前一种方法）或手臂（后一种方法）的力量来辅助孩子。

这是一个难度较高的动作，所以，开始和孩子玩之前，要先对着枕头或类似的道具进行练习。另外，左撇子的人要按反方向操作。

在你的帮助下，孩子翻坐在你一侧肩膀上，腿悬空于你后背处。

蜂鸟

适宜年龄 | 12 岁以上
难度等级 | 高
基本技巧 | 提升灵活性

蜂鸟是世界上唯一能向后飞行的鸟类。雄性安氏蜂鸟最近还被认定为世界上飞行速度最快的动物，每秒的飞行速度超过自身长的 385 倍。这个动作的目标是向后运动，因此借名为“蜂鸟”。

和孩子背对背站立，两人互相握着手（理想中孩子和你差不多高，如果孩子比你矮，就需要站在椅子上）。你弯下腰，同时让孩子把双腿蜷至胸前。接下来，你迅速站起再蹲下，给孩子一个从你头顶翻过去的力量，最后他完成空翻，站在你前方的地面上。在空翻的整个过程中，你和孩子的手始终拉着。在你用身体引导孩子空翻之前，一旁的辅助者应该将手放在孩子大腿下面。注意：进行这个游戏时，必须有人在一旁保护。

简单的游戏变形（从摇摆舞中借鉴而来）：锁住两人的手肘，而不是手掌，完成空翻。

高难度的游戏变形：同样需要监视和保护者。孩子双腿分开站立，你面朝他的背蹲在他身后，头放到他两腿之间（他看上去像是坐在你脖子上）。然后你快速站起，给他一个做后空翻的力量，最后他在你身后落地。在你快速站起的同时，他应该屈膝至胸前。这一次，辅助者的手应该放在孩子胸腹部，协助他完成后空翻。

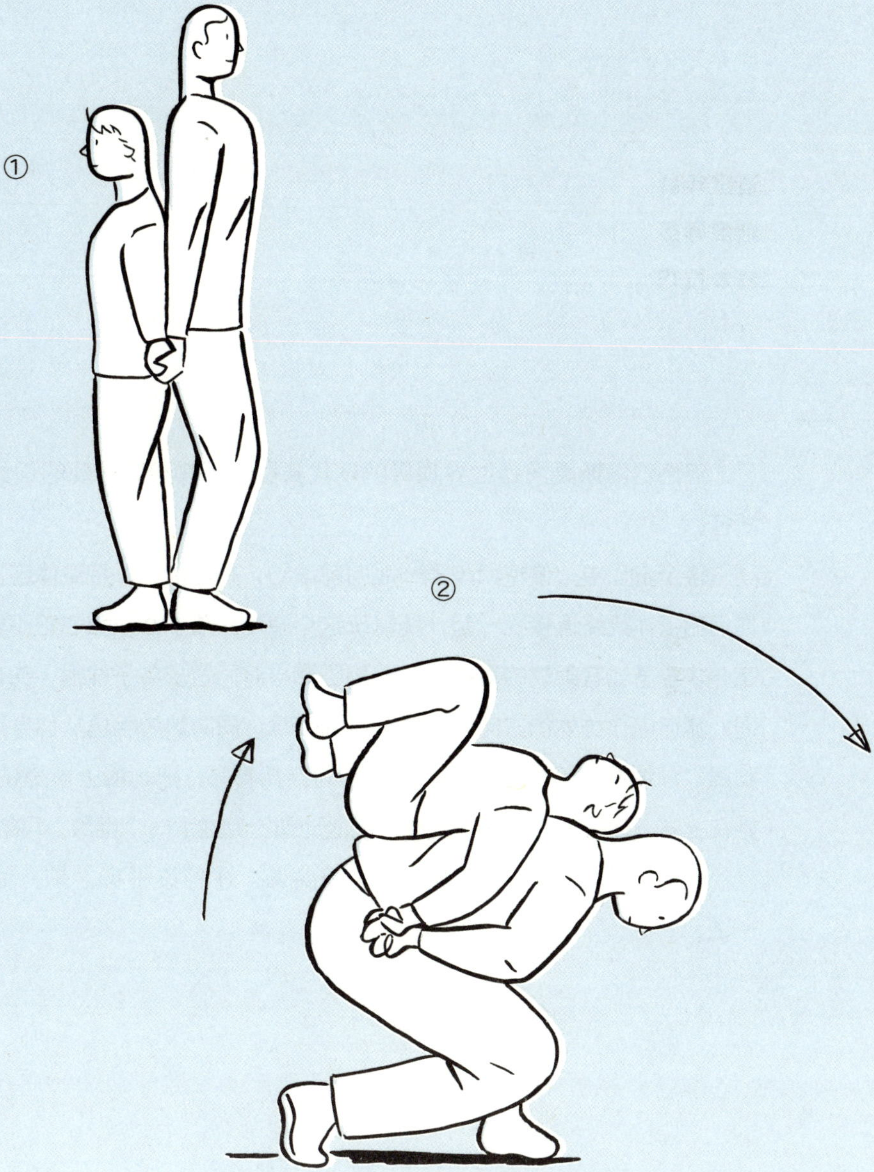

这个动作的简单版本是，完成动作时锁住手肘而不是手掌。

翻滚双人舞

适宜年龄	12 岁以上
难度等级	高
基本技巧	提升柔韧性，增强力量

皮洛伯洛斯舞团是世界顶级的现代舞团，因其舞蹈呈现的强大力量感而闻名。

这个游戏中，你将和孩子一起向前滚动，并且始终保持身体连接。正因为你们的身体始终连接在一起，所以玩这个游戏的孩子必须和你差不多高。你站在一块垫子或者柔软的草地上，双脚距离与肩同宽。孩子仰躺，头在你两脚中间，腿伸向你身体的方向，你抓住她的脚踝。同时她的手也从你身后抓住你的脚踝。你慢慢向下弯腰，往她腿的方向自然卷去，把她的上半身拉起。现在，她在上方，你在下方，继续重复上面的动作，完成下一个翻滚。再继续。

重要提示：向前翻滚很容易引起头晕。在和孩子玩之前，你自己先试一试。

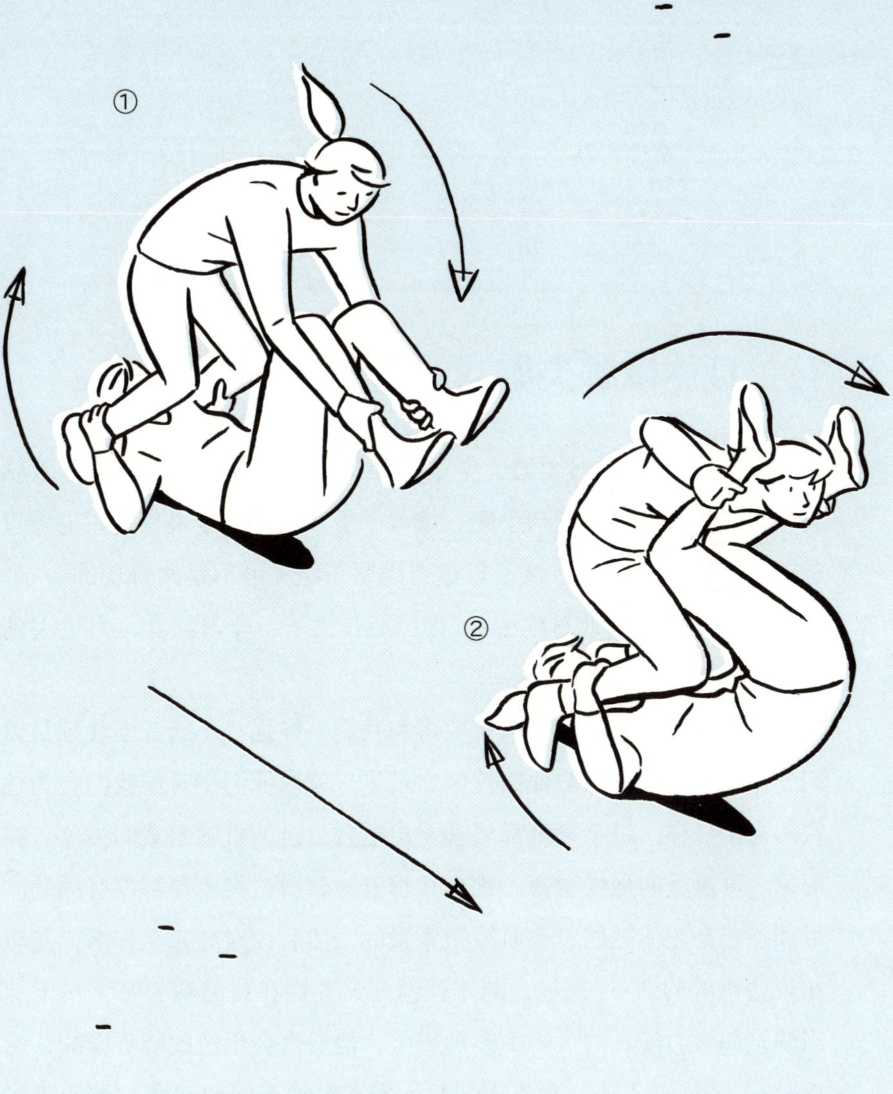

你们的身体始终连接在一起，所以孩子必须和你差不多高。

有关身体接触类游戏的真实故事

安东尼 11 岁时对柔道、空手道等与日本忍者有关的功夫非常感兴趣。有一天，他决定把爸爸当手靶，练习一下回旋踢。结果，安东尼差点儿把爸爸的屁股都踢烂了，被爸爸追着满屋子跑（可不是闹着玩的），最后爸爸抓住他时，认真地对他说："你已经长大了，非常强壮，力量大到足以伤害别人，包括爸爸！"

长江后浪推前浪。当孩子变得和我们一样强壮，或者强壮到足以让我们受伤时，我们就该教他们控制力量了，就像他们小时候我们会为他们而收敛力量一样。每个家庭都要摸索出适合自己的打闹游戏的强度。在安东尼家，可接受的强度很高，比如和爸爸撞胳膊这类比赛都没有问题。安东尼和爸爸会轮流把肱二头肌绷得紧紧的，然后让对方来上一拳，甚至还互相说些挑衅的话："爸爸，刚才就像一只苍蝇在我胳膊上叮了一下似的。"当然，如果力气真的大到不能加码了，他们也会用彼此能听懂的话给对方信号："哇！刚才那一拳不得了！"安东尼现在回想起来，当初爸爸一定收敛了力量，但当时他的感觉却是两个人都尽了全力，当然，是在不伤害亲密关系的前提下。不过，这个游戏的强度并不一定适合所有家庭，尤其是那些不习惯玩得这么“过火”的家庭。

有一天，科恩接待了一对父母，他们俩为一件事争执不下，希望能从科恩这里得到一些建议。他们的儿子马库斯在学校的户外活动中总是被人欺负。爸爸认为马库斯应该打回去，所以打算教给儿子一些拳击技巧。妈妈不赞成以暴制暴，而希望马库斯找到一些温和的解决方法。科恩首先肯定了父母俩都有对的一面，但他最重要的建议是，和孩子在家多玩打闹游戏。不要玩过于直接、激烈的对抗游戏（比如拳击），摔跤或者其他运动量较大、身体接触较多的游戏则更合适。科恩对爸爸解释说，这类游戏的目的是培养自信，而不是以暴制暴。他也鼓励妈妈观察一下，游戏虽然看似激烈，却不是真正的暴力对抗。一旁的马库斯听到这些建议后，惊讶得合不拢嘴。

摔跤游戏后来成了这个家庭最受欢迎的活动。当爸爸假扮成一个爱欺负人的壮汉时，马库斯会使出全身力气把爸爸推倒在地。每一次成功后，他都会开心地绕着屋子跑一圈庆祝胜利。一段时间之后，马库斯不再被人欺负，自然也就没有了回击别人的机会。其实，大部分爱欺负别人的孩子都不会盯上那些看上去自信的同龄人。同时，因为马库斯更自信了，他也开始和更多不爱欺负人的小伙伴交往。他不但摆脱了欺负，还结束了孤单。

有了这个游戏的成功经验，马库斯和爸爸再遇到其他难题时，就会求助于游戏。比如爸爸假扮成一道数学难题、一剂很难喝下去的药，或者其他任何导致受挫的难题……而马库斯就会想方设法打败他。

本章前面提到的艾德蒙·奈顿还观察到，打闹游戏对触觉异常敏感的孩子大有帮助。有的孩子对某些衣服的材质、某种触感、脏乱的状态，甚至拥抱和亲吻，都感觉很不舒服，想避开。这种触觉防御性过强的孩子比别人想得要多，他们很容易为一点儿小事（在别人看来很正常）而崩溃，以至于错过和别人交往、玩耍的机会。摔跤、紧紧的拥抱以及循序渐进的打闹游戏，能有效帮助这些孩子克服对触觉的过度敏感和防御。而这个介入过程的关键就在于，观察孩子喜欢哪类接触，可以接受哪类接触，绝对不可以接受哪类接触，然后把大部分时间花在孩子喜欢的接触方式上，留一小部分时间轻推孩子走出舒适区，挑战一下不那么喜欢但可以接受的方式。

有一个 5 岁的男孩，名叫莱维。有段时间，他会莫名其妙地变得非常狂躁。父母确信，他睡眠充足、运动量足够。糖分摄入也没有过量，一切都和往常一样，并无变化。没有人斥责他、对他冷处理，或者强行拿走他的玩具。但他就是会毫无征兆地走到其中一个妹妹面前，然后拉她、抓她、捶她、踢她。莱维听爸爸妈妈讲故事时，可以长时间保持安静和专注，但故事一结束，他就会走到某个人面前用语言或肢体攻击对方。

虽然诱因不明，但科恩建议，父母俩把莱维的攻击行为当成打闹游戏的邀约。现在，他们已经玩过很多种摔跤游戏。莱维的父母会发出挑衅的信号，让莱维把他们推倒，或者推下床去，只要不使劲用拳头捶就行。他们还全力以赴地玩枕头大战，莱维最喜欢用枕头武装好手和脚（把手和脚插进枕头套里），像强壮的相扑选手一样，把父母撞倒。很快，莱维的攻击性开始减弱，家里的欢乐时光也多了许多。

每当我们问不同家庭“最喜欢的打闹游戏是什么”，大部分人的答案都是摔跤游戏的各种变形。一位妈妈和我们分享了一个名叫“地震”的游戏：

> 有一天我下班回家，因为太累我一进门就扑倒在床上。我 3 岁的儿子也跟了过来，爬上了我的后背。他静静地在我背上坐了一会儿，我觉得无聊，便前后摇晃了起来。“你在干什么？”他问。“地震

啦！地震啦！”我说完，他就咯咯地笑起来。“地震”的动静越来越大，大到都把他震下来了。

儿子快笑疯了，很快又爬上我的背，让我再来一次。等我的小女儿长大一点儿后，她也加入我们的游戏中。他们永远不知道“地震”什么时候会开始，而“地震”中间短暂的停歇，会让游戏更刺激、更好玩。

当我非常忙碌、筋疲力尽时，我会明显感觉到这种状态对孩子的影响。他们变得非常黏人、哼唧、不听话。但如果这时来个 20 分钟的“地震”游戏，我们之间的联结很快就会恢复。另外，在我很累的时候可以躺着陪他们玩，也会轻松很多。

另外一个故事来自一位妈妈的回忆。她曾经用打闹游戏帮助过有躁郁倾向的儿子。这个游戏向我们展示了，推拉（摔跤游戏的主要技巧之一）和攻击以及其他愤怒表现的不同：

他越来越频繁地因为一点儿小事而生气或沮丧，积累到一定阶段就一定会大发脾气。有一次，他又生气地推我，我说：“我打赌，你肯定不能把我推进那个房间。”他对摔跤游戏的规则已经比较熟悉，所以我只要提醒几次“不能使劲打”就行了。这就是我们发明的“推手”游戏：两人互相推对方的手，有点儿像拔河比赛的反方向版本。当然，我会偷偷地让他赢，让他把我推进卧室，甚至倒在床上，然后他高兴得咯咯笑。从某种程度上来说，这个游戏会让他紧张的神经安定一些。就像只有在暴风雨之后，太阳才能出来一样。

我大概用了 3 次这样的激将法，来让他加入游戏，然后神奇的事情发生了。遇到事情，他不再大发脾气。发现自己的情绪后，他会对我说："妈妈，我们来玩'推手'吧！"

这些故事充分说明，带有身体接触的打闹游戏可以随时随地发生。

在随时随地发生的即兴游戏中，最关键的一点是把握游戏的强度。你可以通过减缓动作速度、每次只和一个孩子玩、降低说话的音量、收敛动作的力量，来降低游戏的强度。相反，你也可以通过加快速度、提高音量、同时和多个孩子玩，来提高游戏的强度。

和多个孩子一起玩摔跤游戏时，最重要的是平衡和分寸。孩子不能太大，也不能太小。太大容易伤到别人，太小又容易受伤。所以大多数情况下，还是一次一个孩子最好，这样每次玩时那个孩子都能全力以赴。在一场游戏中，为一个孩子提高强度的同时，又要为另一个孩子降低强度，这实在太困难了。

即兴打闹游戏的另一个重点是：跟随孩子。为了说明这一点，我们举两个游戏的例子："截住，爸爸"和"截住爸爸"。它们看上去有点儿相似，实际上却是根据孩子的不同需求而定制的不同游戏。

安东尼的朋友戴克和他两岁半的儿子艾弗里发明了"截住，爸爸"这个游戏。戴克每次下班回到家，艾弗里都会抱着自己的足球跑到他面前说："爸爸，踢球！"这个游戏是他们俩一起发明并且都非常喜欢的。艾弗里把球递给爸爸，然后自己跑开，等着爸爸把球传过来（虽然他的技术还没有娴熟到可以接住球，但他仍然想要尝试）。戴克把球扔出去，艾弗里接住了它，然后快速向爸爸跑去，等着爸爸截他的球。（很明显，艾弗里对于截球的环节最感兴趣，以至于可以忽略追逐的过程。）一旦抢球抢得太激烈，他们俩都倒在地上，这个游戏就会变成俩人在地上打滚玩，直到艾弗里说“再来一次”才结束。这个游戏能一直持续到晚饭时间，或者戴克累得实在无法继续玩。

“截住爸爸”的游戏是一个叫本的爸爸发明的。他来请求科恩的帮助，是因为两个女儿中有一个出现了严重的行为问题，而他平时并没有太多时间陪伴两个孩子。科恩建议他陪女儿玩摔跤游戏，以此快速加强与孩子的联结，进而缓解孩子的行为问题。但是本坚持，绝不会和女儿玩摔跤游戏，一来，女孩们很容易受伤；二来，他小时候和哥哥玩“摔跤”游戏时留下了痛苦的记忆。其实他小时候玩的根本不是摔跤游戏，而只是被比自己高大、强壮的人欺负而已。

科恩坚持说摔跤游戏非常好玩，对本和他的女儿们来说也足够安全。最后，本终于决定试试，于是他们三人一起发明了“截住爸爸”这个游戏。游戏中，两个女儿躲起来，本满屋子找她们。当他经过女儿躲藏的地方时会假装没看见，然后女儿们突然跳出来截住他。他“害怕”得尖叫、求饶，同时“想方设法”（其实并未尽全力）挣脱女儿们的围剿。不过，她们可没打算放爸爸一马，而是一直把爸爸压在地上欺负他。直到她们想从头再来一次，才会放过爸爸。即便本在每一次游戏结束时，都“无助”地倒在地上，看起来就像他小时候被哥哥欺负时一样，但他还是体会到摔跤游戏和被欺负有着本质的区别，因为游戏指向的是：欢乐、联结，以及给女儿注入自信。

他们发现游戏的乐趣后，还发明了其他打闹游戏，这让遇到问题的那个女儿收获了很多帮助，更重要的是，游戏把一家人联结在了一起。本第一次感觉到，自己像一个真正的父亲，而不是赚钱或者下达命令的机器。他也终于体会到健康、有趣的身体接触所蕴含的巨大力量。

第6章

想象类游戏

20世纪50年代，苏联的研究者们做了一个有名的实验。

实验要求第一组孩子尽可能保持站立不动。

结果，他们坚持了2分钟。

而第二组孩子则假扮成站岗的士兵，同样需要保持不动。

结果，他们坚持了11分钟。

——

波·布朗森（Po Bronson）和阿什利·梅里曼（Ashley Merryman），

《关键教养报告》（*NurtureShock*）

几乎每个孩子在 9~15 个月大时就开始拥有想象力：孩子的大脑里会出现各种奇幻的场景。在此之前，如果你举着孩子满屋子飞，他只是享受动作本身带来的刺激，以及和爸爸妈妈分享兴奋所带来的快乐。而进入这个阶段后，孩子会想象自己在飞翔，这个动作在孩子大脑中完全是另外一幅画面。突然之间，一根木棍可以变成一个瓶子，或者一辆汽车。随着时间的推移，孩子生活中的假装游戏变得越来越复杂和精微。

到了学龄前阶段，孩子对假装游戏的兴趣发展到顶峰，这极大地促进了社交、认知、创造力和高级语言能力的发展。过家家是一个典型的代表。这个假装游戏帮助孩子练习照顾人（就像爸爸妈妈一样）、做家务（也是模仿爸爸妈妈）以及争吵（你懂的）。总体来说，女孩更喜欢玩过家家，男孩则更喜欢好人、坏人的角色扮演游戏。但男孩同样需要练习照顾人，否则，他们当爸爸时会不知所措，没有武器或超能力压身，就不知道该怎样解决问题。女孩也一样，她们需要学会的是，在安全的边界内表达愤怒和主见，而不是恪守女孩固有的形象——永远要表现得乖巧。

不幸的是，大部分人在逐渐成年的过程中会不断被洗脑，认为自己天生没有创造力，创造力不过是一小部分人的天赋异禀。这是完全错误的！

每个人生而拥有丰富的想象力和创造力，只是有些人不知道它一直存在，或者没有让它蓬勃生长。另外，大部分人认为创造力只能经由绘画、音乐之类的艺术训练才能习得。我们忘了，想象类游戏和灵活的打闹游戏也能激发出极大的创造力。

拥有创造力是一件很棒的事情，因为这关系到解决问题的能力。如果说解决问题的能力是一块肌肉，那么想象类游戏就是锻炼这块肌肉的最好方法。孩子每一次玩假装游戏，都是在练习解决问题的技巧。布莱恩·萨顿·史密斯（Brian Sutton Smith）是一位研究游戏的先驱者。他发现，如果孩子拿到一样陌生的东西，身边的人允许他尽情玩耍，他就会摸索出这样东西的多种用法。相反，那些不被允许玩耍的孩子，就没有这种创造性。而这便是解决问题能力的关键：想出一个问题的多种解决方案！没有什么比游戏更能让孩子拥有这种能力。这也是为什么无论在学校还是在家里，孩子需要更多而不是更少玩耍和游戏的缘故。

讲故事的能力常常被我们忽视。不管故事简单或复杂、搞笑或严肃，它们都是生活中非常重要的一部分。讲故事能帮助我们更高效地把信息传达给别人，尤其是当我们想说服或激励别人时。父母和孩子共同完成一个故事，是一件很棒的事。每个人都在对方灵感的基础上迸发出新点子，最后的成果离不开任何一方的贡献。

想象类游戏已经非常好了，如果再结合打闹游戏，就会迸发出更多火花。想象的部分，可以锻炼孩子大脑中负责创造力的区域；打闹的部分，可以让孩子全身的肌肉都运动起来。而孩子和父母在互动中又会用到社交脑，让孩子在潜移默化中掌握与他人相处的技巧。本章经过特别设计的游戏，就是为了帮助你进入孩子的想象世界，并收获上述益处。

用蓝人乐队（Blue Man Group）和蓝色学校（Blue School）创始人之

一克里斯·温克（Chris Wink）的话来说："孩子们并不是等待被填满货物（信息）的车厢。他们是宇宙飞船，因此我们的任务是找到推进器、点燃它，让他们起飞。"

想象类游戏的基本技巧

发散思维 为同一个问题找到不同的答案，这样的发散思维正是创造力的本质。拥有发散性思维的人永远保持好奇，擅长破框思维，他们从不认为有什么愚蠢的想法。相比找出唯一正确的答案，他们更喜欢探究出多个解决方案。在游戏中，道具能够激发发散性思维。比如，一块毯子可以是一个堡垒，也可以是把人卷起来的玉米卷饼。沙发垫子、枕头、毯子都是非常好用的道具。

角色置换 如果没有特殊情况，请让孩子扮演强壮能干的人、领导者、可怕的怪兽或者超级英雄，你则扮演胆小、笨拙、无能的人。

讲故事 在所有想象的打闹游戏中，你都可以加入故事情节、人物角色或者奇幻元素。快速、轻松进入这类场景的办法是，带入动物角色，让想象力流动起来。你们也可以实验各种动作、声音和情绪。魔幻超能力通常是一个可以引爆孩子的好点子，尤其是让孩子拥有打败你的超能力。你们也可以假装穿越到地球的两极，降落在冰川上，你们需要互相帮助，才能从冰川上安全滑下来；又或者来到亚马孙热带雨林，只有攀缘藤蔓才能越过沼泽。

险渡吊桥

适宜年龄 | 3~5 岁

难度等级 | 低

基本技巧 | 角色置换，讲故事

克利夫顿吊桥是英国最有代表性的建筑之一，它横跨在埃文峡谷和埃文河上，长达数百米。

但是，你敢让孩子独自穿过它吗？所以不如自己来架一座桥吧。坐在一把椅子上，脚伸出去，架在另一把椅子上，你的腿假装是桥两侧的铁链。

让孩子站在你的两腿之间（就像她是站在双杠中间的体操运动员一样），然后你开始摇晃双腿，让孩子抓紧铁链，因为吊桥下的峡谷里开始起风了！运用你的想象力，编造出其他危险。比如告诉她，她来到了一个桥洞里，需要把脚抬离地面。或者假装吊桥被闪电击中，坍塌了，这时你需要放低腿的位置，然后问她："能不能自己站起来，安全地爬到桥头去？"

你们也可以互换角色。轮到你穿越峡谷时，要掌控好自己的重心，把重量放在地面上，但同时你又要假装非常依赖她，总是失去平衡，怕掉进桥下的河里。这条路艰辛又漫长！

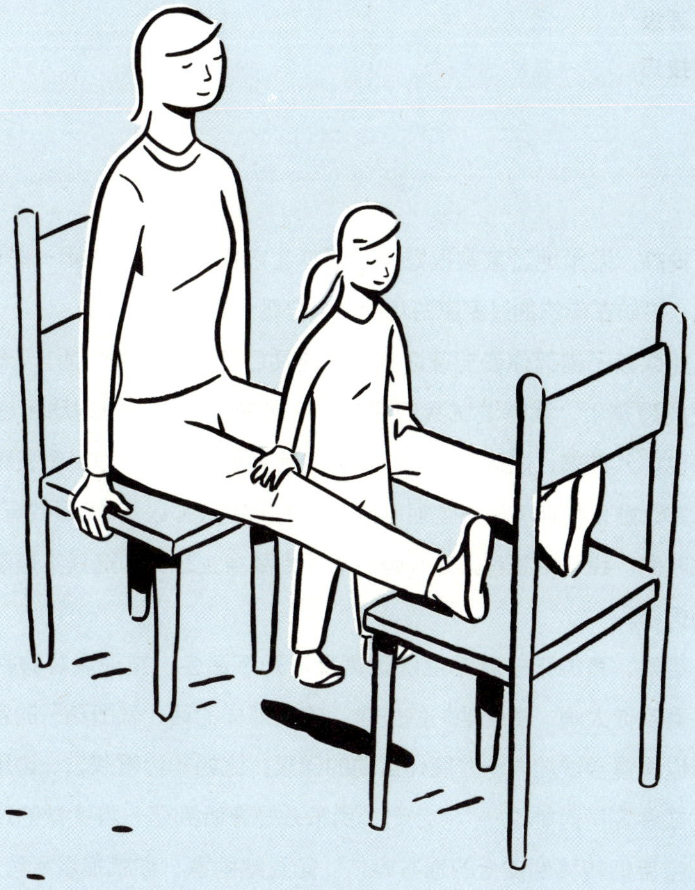

孩子站在你的两腿之间，双手搭在你腿上，就像她撑在双杠上一样。

打闹版过家家

适宜年龄 | 3~6 岁
难度等级 | 低
基本技巧 | 发散思维

安静、温柔地过家家很好，但偶尔让它变得活泼、热闹一些也未尝不可。所以，不妨在传统的过家家游戏中加入打闹元素。

如果孩子邀请你参加茶话会，你喝几口茶后跳起来大叫：“天哪！这茶把我变成恐龙了，我得试试我的翅膀！”接着，在屋子里扇动起翅膀，还邀请孩子也加入进来。如果孩子让你哄她的玩具宝宝睡觉，你就假装和宝宝发生争执，并让她来帮你（虽然她很可能站在她的宝宝那边）。如果她宣布：“现在是睡觉时间！我不希望有人趁我睡觉时扑到我身上来！”这其实是邀请你和她打闹的信号。

当然，有的孩子就希望认认真真地开茶话会，重现温馨的家庭场景，他们不喜欢你太闹，搞砸他们的安排。如果那样的话，就随孩子的意愿吧，但仍然可以慢慢尝试加入一些肢体互动的元素。比如一边喝茶，一边用胳膊肘捅孩子，或者轻声对她说：“不会吧？我怎么好像听到了一群大象的声音？我们应该把宝宝们转移到安全的地方吗？”如果她同意，你就抱着所有的娃娃和她，一起跳上沙发，躲起来；如果她反对，你就只好等待更合适的时候再试。

“我怎么好像听到了一群大象的声音？”

木棍变形记

适宜年龄 | 4~10 岁
难度等级 | 低
基本技巧 | 发散思维

反感高科技的人听到这个消息，应该会很高兴：2008 年，木棍被纳入“玩具名人堂”（Toy Hall of Fame）。位于美国纽约州罗切斯特的斯特朗国家玩具博物馆（The Strong National Museum of Play）表彰木棍是经久不衰、极富创造力的玩具。它几乎可以变成孩子想象中的任何东西，而且永远不需要电池。

为了庆祝木棍得到的这个荣耀，我们特别推荐“木棍变形记”这个游戏。它依赖游戏者快速的想象力：一个人选定好一根木棍后，把它递给另一个人说：“开始！”接棍的人要说出这根木棍尽可能多的用处，并让其他参与者表演出来。我们可以从木棍开始，然后再换其他触手可及的道具，比如垫子、石头、泥沙、生面条（或熟面条）。

说出来的每一个用处，必须和前一个用处有关联。比如，如果刚开始说木棍可以挖宝藏，那么接下来它就可以变成吓跑强盗的宝剑、寻找帮手的望远镜，接着变成帮助老人逃跑的拐杖，最后变成开启隐秘洞穴的钥匙……要鼓励一切奇异、古怪的想法和表演。直到负责说出木棍用处的那个人再也想不出其他用处，或者厌倦了这个游戏，他就找出一件新的道具，递给另一个人，再开始新一轮的游戏。

木棍可以随时变成孩子想象中的任何东西。

蛮族偷袭

适宜年龄 | 3~8 岁
难度等级 | 中
基本技巧 | 发散思维

亚拉里克是第一个攻占罗马（公元 410 年）的蛮族首领。

这个游戏中，你假扮罗马城，孩子扮演亚拉里克。首先，你要建起一座罗马城。用胶带把毯子粘在家具上，变成堡垒，摞起沙发垫子当城墙。一旦搭建好堡垒后，你就躺在里面假装睡觉。然后孩子偷偷潜入你的堡垒，压在你的身上。记住，你要被吓得惊慌大叫。下一次，在你身边垒上更多枕头和垫子，同时大声吹嘘："我已经把城墙加固了，这次蛮族绝不可能偷袭成功！"然后假装又去睡觉，结果当然是"蛮族"再一次偷袭成功。

枕头和沙发垫子都是搭建“城墙”的材料。

笨拙的怪兽

适宜年龄	3~8 岁
难度等级	中
基本技巧	发散思维

这个富有想象力的打闹游戏是一位父亲和孩子们一起发明的。

你躲在角落里，假装一只又坏又凶猛的怪兽。孩子绕着屋子一圈圈跑的时候，总会经过这个角落。怪兽想方设法用一些滑稽的方式拦住孩子，比如用一个大大的熊抱截住孩子、抓住孩子的脚，或者趴在地上拦住孩子的去路。当然，最终孩子一定会笑着逃脱。怪兽拦截的强度不能太大，这样孩子才会愿意跑一圈又一圈，因为他很好奇，怪兽还会想出什么招数，但同时他又确信自己一定能冲破怪兽的封锁。

用好玩的办法拦截孩子，但最终一定要让他开心地逃脱。

魔力飞毯

适宜年龄	2~6 岁
难度等级	中
基本技巧	发散思维

这个游戏以阿拉伯神话最喜欢的交通工具命名。

准备一块大毯子。最好由 2~4 个成人配合完成，但如果孩子特别小或者成人特别强壮，也可以由一人完成。孩子躺在毯子上，成人抓住毯子的四个角把毯子（和孩子）抬起，然后四处奔走。中途可以让毯子突然掉落在沙发上，然后又迅速起飞，这会让孩子又惊又喜。

当一个成人陪孩子玩时，孩子要躺在毯子的对角线上，头和脚分别指向相对的两个角。当你把他拎起时，要把毯子的所有边角都拽在手里，让毯子变得像布袋一样。离地 30~60 厘米就可以，保证即使意外发生，也不会有太严重的后果。不过，在你跑动时，仍然要非常留意脚下。孩子们常常会要求和小伙伴一起坐飞毯，但孩子们太容易碰撞在一起，并不安全。

游戏变形：准备一张更大的毯子。每个角至少有一个成人拽着，毯子边缘也要有人拉着。毯子尽可能在成人腰部位置展开。跟着节奏，让毯子有规律地上下跳动，数到 3 时，一起发力，把孩子抛向空中。在孩子离地几尺的地方，就要接住他，否则孩子下落时离地太近，加上毯子中央因承重会下降，容易造成孩子受伤。如果你有胆量尝试的话，只要毯子有足够的人拉着，孩子也会很乐于帮忙把你抛向空中。

2~4 个成人拉着毯子，就能让孩子享受乘坐飞毯的感觉。

打闹版角色扮演

适宜年龄	3~5 岁
难度等级	中
基本技巧	角色置换，讲故事

这个游戏把孩子都喜欢的三件事结合起来了：讲故事、角色扮演和身体碰撞。

决定一个故事主题，然后配上恰当的背景音乐（比如，鼓乐适合非洲草原大冒险，电子乐适合外太空的机器人旅行）。开始讲故事，你和孩子要同时把故事中的角色演出来。你在故事中每加入一个新角色，不管是人、动物还是植物，所有人都要通过动作、声音、肢体扮演带入那个角色，比如：大象鼻子拱在一起，机器人互相碰撞，蛇缠绕在一起……

在新角色出现之前，每个人都要随着音乐的节奏起舞。故事可以是滑稽的，也可以是严肃的，可以是自己编的，也可以来源于真实生活或电影。只要角色够多、够互动就可以。游戏中可以问问孩子：“接下来会发生什么事情？”在故事逐渐展开的过程中，要记住那个重要的原则：刚开始时慢一点儿，随着游戏的进行，逐渐加快节奏、提升强度，快结束时，再逐渐放慢节奏，最后收尾。

没有新角色出现时，每个人都要随着音乐的节奏起舞。

极限体能王

适宜年龄	3~10 岁
难度等级	中
基本技巧	发散思维，角色置换

《极限体能王》是日本一档著名的体能竞技节目，它要求参赛者必须通过四个阶段紧张的障碍赛。

我们的这个游戏是借鉴《极限体能王》的模式来完成自我挑战。户外版本比较容易实现，借助锥形、网状、球形之类的道具，在空旷的空间里布置好场景就行。相对而言，室内版本更难一些，因为很多人都不知道从哪儿开始准备。下面就是一些实现室内挑战的要领：

- 能利用上的家具，越多越好。大椅子（躺椅不行）、沙发、稳固的茶几（玻璃茶几不行）都可以。
- 胶带，越多越好。把胶带的两端粘在不同高度的东西上，比如两面墙或者不同的家具上。假装它们是“红外激光”，不能被碰触，你要做的就是在激光的缝隙里穿行。要选择不会毁坏墙面和家具的胶带。
- 设定好起点和终点，确定你的行经路线。为了到达终点，你在不同家具之间跳跃，可以把沙发垫当成临时的跳板，但绝对不可以脚着地（因为地上都是岩浆）。为了避开激光，你可以趴着，匍匐前进，也可以跨步越过激光，在特别难避开激光的地方，还可以请求队友的帮助。你可以和对方比赛“谁到达终点用时较少”，也可以两人合力完成一段路程。在前进的过程中，可以配上相应的故事情节，比如解释你为什么要匍匐前进或躲避激光。

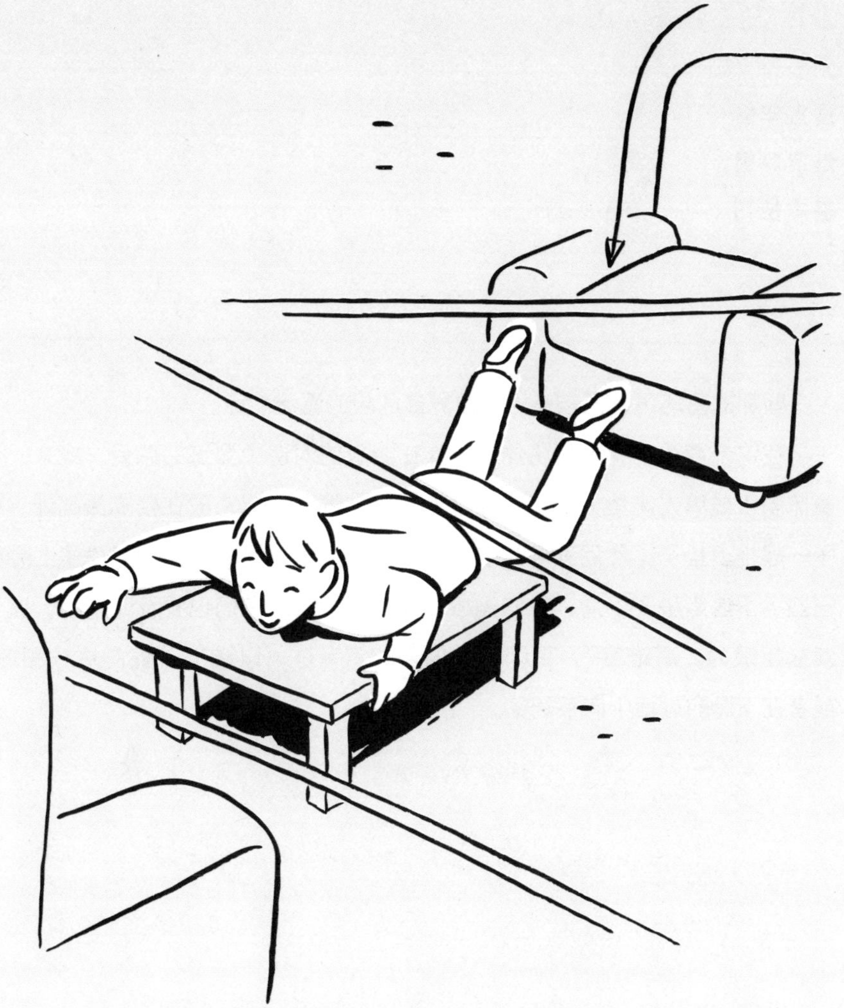

在各种家具之间跳跃前进，或者趴在“激光”下匍匐前进。

床垫漂流

适宜年龄 3~10 岁

难度等级 高

基本技巧 发散思维

智利的富塔乐富河被誉为全世界最危险的漂流地点。

在这个游戏中，你们将体验一次在湍急的河道中漂流的感受。找来一个儿童床垫（或单人床垫）或者缓冲性能较好的垫子，把它放在楼梯最高处。和孩子一起坐上垫子，然后就离岸啦！抓紧垫子两边，这样你们坐在垫子上会更稳一些，不过当垫子下滑，方向偏移，撞向墙壁时，你们也要及时松手。这个游戏被定级为“高难度”，是因为你们要非常专注，以防垫子撞向栏杆和墙壁，或者在下滑的过程中向下翻滚。

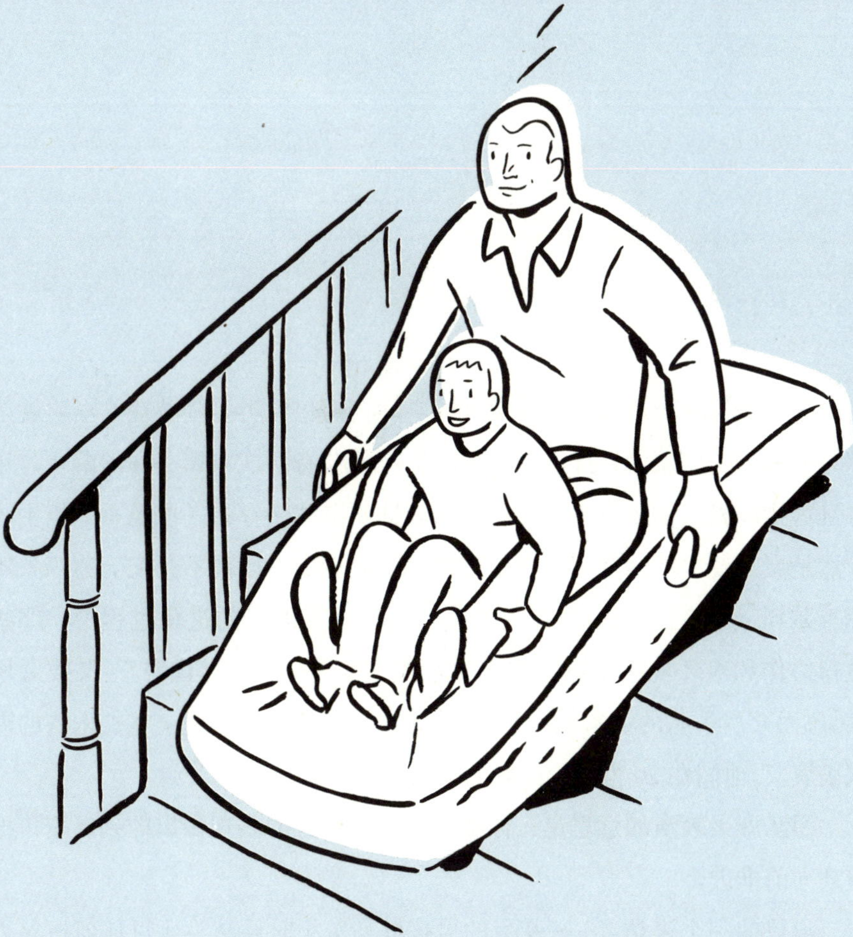

抓紧垫子的两侧，但必要时也要及时松手。

有关想象类游戏的真实故事

每一类打闹游戏都有即兴发挥的空间，而想象类打闹游戏的本质就是即兴发挥。当想象元素加入游戏中时，就不会有两次一模一样的游戏过程，并且这为即兴互动提供了很大的空间。即便游戏中存在一些竞争，但主体依然是参与者之间的互相协作，这使得游戏更像一段离不开配合的双人舞。如查尔斯·达尔文所说："在人类（包括动物）漫长的进化过程中，那些懂得协作和对环境应变能力较强的人，才容易获取生存优势。"又或者用"感恩而死"乐队的话来说："我们放弃主唱，就是为了成全整支乐队的即兴表演。"他们在20世纪因出彩的即兴团队演奏而闻名。

团队即兴表演的意思是，你和孩子根据对方的表现做出即兴反应，把游戏向前推进。

科恩的一个来访者——9岁的男孩奥马尔小时候从没玩过任何想象类游戏。他是一个非常严肃的孩子，因此在学校交不到朋友。他热衷下棋，所以科恩就陪他下棋，结果每次都输（不用假装，毫不费力地输掉）。在陪奥马尔安静地玩了几局之后，科恩开始尝试引入想象元素。他假扮冲动、狂躁的博比·菲舍尔（Bobby Fischer），而奥马尔则扮演冷静、沉着的鲍里斯·斯帕斯基（Boris Spassky）。每当科恩丢掉一颗子或者输掉比赛时，他都会“大发脾气”，气得追着奥马尔满屋子跑。结果，奥马尔慢慢放松下来，接受了更多好玩的游戏。慢慢地，他变得可以和其他孩子交朋友了。

讲故事，也是我们可以通过想象类打闹游戏教给孩子的技巧。先有动作的基础，然后将动作意象化，这两者结合会释放出巨大的力量。

安东尼的女儿蜜雅 18 个月大时，她和妈妈报名参加了一个戏剧游戏课。课上用到一个大大的彩虹伞道具。成人们在教室中间合力把彩虹伞往上拉，孩子们在彩虹伞下面奔跑、互相碰撞。有时候，成人会突然把彩虹伞拉向空中，然后迅速把它拉到身后，坐在彩虹伞边缘，这样一个彩虹伞城堡就出现了，所有人都在城堡里待着。在彩虹伞的中心，有一个小小的圆洞。蜜雅总是喜欢歪着脑袋透过洞向上看。接着，蜜雅就和妈妈一起编“天空之城”里发生的故事，比如“一只小狗在天空中飞”这样充满想象力的情节。蜜雅非常喜欢这些故事，因为这和她平时听到的睡前故事很不一样。可以说，是彩虹伞游戏中的互动，赋予了故事更加丰富的色彩。

等孩子大一些之后，超级英雄就可以变成想象类打闹游戏的主题，而你要做的就是用一些有趣的方式引发和孩子的身体接触。“飞起来”是一个成功率很高的游戏，如果不小心飞到墙上或者撞在一起，那就更好玩了。如果孩子指定你当坏蛋，你就可以玩“差一点儿就抓住你了！”（见 29 页）：总是在马上要成功的那一刻不小心摔倒，让孩子逃脱。大部分孩子都喜欢在害怕的临界点玩打闹游戏，有点儿紧张却又不过于害怕。所以，你扮演坏蛋或怪兽时，要加入一点儿滑稽、愚笨的元素。你可以依靠特殊的音效、变高、加快速度和插入小意外，以加重恐怖气氛，但不要过头了。时刻留意，孩子有没有从兴奋的紧张变成真正的害怕。孩子非常清楚自己能承受多大程度的恐惧（哪怕是假装制造出来的），所以这是我们需要遵循的首要原则：听从孩子发出的信号！如果我们在游戏中做得过了头或者进展太快，孩子会因为受到惊吓而拒绝游戏。

还有很多孩子喜欢玩上学游戏，因为他们可以置换角色，让自己变成老师。他们可能会让父母扮演学生（通常扮演淘气的学生，这样会让游戏更好玩）。游戏中的学校绝不要像真正的学校那样井然有序。所以，为什么不尝试一下枕头大战学校、恐龙争霸学校或者楼梯漂流学校呢?

想象力还能让传统游戏焕发出新的生命力。比如在孩子都喜欢的骑马游戏中，爸爸可以扮演一匹普通的马，也可以扮演一匹刚从歹徒身边逃脱的烈马，或者一架飞向火星的航天器。

不过，如果你总是篡改孩子最喜欢的游戏，有的孩子会因此不高兴。如果那样的话，最好的办法，就是以最大的热情全身心地投入孩子的游戏中。这样做是为了让孩子感受到，你愿意按照他的想法玩。只有这样，你才可能找到合适的机会，启发他加入更有创意的点子。

当你在打闹游戏中加入滑稽元素或者个性极端的角色时，它一定会变得更有趣。科恩的一个来访者明和儿子、女儿们尝试了“越狱”（见 28 页），他们喜欢扮演凶恶的狱卒或胆小怕事的匪徒。几年下来，他们给游戏中的角色赋予了各种有趣的声音和个性，这样他们在追逐打闹时就更好玩了。正当明觉得，这个游戏已经玩不出太多新意时，他的孩子们却又给它注入了新的活力。在“监狱”里，孩子们让爸爸别再当狱卒，而是变成一匹帮助他们逃跑的马，说着就跳上爸爸的后背，从“沙发监狱”逃跑了。

有一天，明特别累，就想出一个让自己不那么辛苦的玩法。他对孩子们说："我们来玩一个好玩、有拥抱但不那么累的游戏吧！"玩法很简单，他甚至觉得说出来后孩子们都不会同意。

"我们玩'1、2、3，抱一个'，怎么样？"

"怎么玩呢？"

"我们数到 3，然后你们俩一起跳到我腿上，来一个大大的拥抱。"让他吃惊的是，孩子们都很喜欢这个主意，反复玩了很多次。他们还想出了一个更刺激、更好玩的办法：他们跳到爸爸腿上之前，不告诉他这一次数到几才跳上去。

想象力和打闹游戏结合在一起能激发出无数创意。一位妈妈曾写信给我们，信中分享了一个在她家很受欢迎的游戏，而这正是"粘住了！"（见 30 页）的原型：

> 儿子和我一起发明了一个把身体对抗和联结融合在一起的游戏。他把我的双手合在一起，然后再使劲儿把它们拉开。也就是说，我的手变成了有磁力的手。他一边咯咯笑，一边非常努力地把我的两只手分开。我负责提供恰当的阻力，既不让他轻易拉开，也不会难到没有成功的希望。直到终于拉开，他的脸又被我的磁力手吸住：头卡在我两手之间。接着，被吸住的还有他的后背、手……每一次，儿子都非常投入地把我的手掰开。
>
> 最近我一直在想，这类游戏看似滑稽，却帮我们化解了多少不必要的冲突！
>
> 昨天，他爸爸正往冰箱里放东西，这时候儿子趁机爬了进去，说："关上门吧！"爸爸说："出来吧！别待在那儿！"儿子就是不肯，

我眼看着爸爸还想跟他继续纠缠下去，于是赶快凑到他耳边，小声说："假装他是一颗巨大的蔬菜，你关不上门。"爸爸立刻明白了，马上用夸张的语气大声嚷嚷："天哪，这真是一个巨型土豆啊！以前从来没见过这么大的土豆。我得赶紧把门关上，别让它跑了。啊？不会吧，居然关不上……"儿子被逗得咯咯直乐，就从冰箱里出来，飞奔到另一间屋子玩去了。爸爸转身对我说："这种建议，我喜欢！"

第 7 章

高强度打闹游戏

水在 211 ℉（华氏度）时已经很热，

但只有达到 212 ℉才会沸腾。

沸腾的水带来蒸汽，蒸汽可以启动火车。

——

山姆 · 派克（Sam Parker），

《212 ℉：额外的那一度》（*212°: The Extra Degree*）

我们以“可以立刻玩起来的打闹游戏”开始这本书，之后又推荐了飞行类游戏、比赛类游戏、身体接触类游戏和想象类游戏，现在我们要推荐最后一类游戏：高强度打闹游戏。虽然这些游戏难度较高，但孩子也会因此有额外的收获：执着坚持、承担风险和自信的品质。

承担风险，意味着愿意面对和迎接挑战。我们不希望孩子盲目忽视风险，同时又希望他们勇于挑战自我，尝试那些一开始可能不会成功的事情。一时受挫并不代表失败，真正的成功是放下结果，勇于面对一切难题和挑战。

可是有些孩子并不愿意承担风险，而这正是你介入的意义。你的陪伴，你和孩子一直以来积累的联结与信任，你对他的信心……合力推动孩子走出舒适区，在临界点上勇于尝试。不要把他推过临界点，也不要放任他逃跑，这个临界点是孩子学习承担风险的最好地方。我们要做的就是握着他的手，陪他一起走向未知但有益的“冒险”。

高强度打闹游戏，让孩子收获的另一个品质是坚持。持续地努力，被击倒时勇敢地站起来，这就是本章开头那段引语的含义：加上最后、最关键的那 1 ℉，你前面的所有努力都会变得有价值，就像达到 212 ℉

（100℃）的水中蕴含着推动火车的力量一样。

今天，许多父母习惯于为孩子遮风挡雨。虽然他们的出发点很好，但却会阻碍孩子的成长。经历逆境，才会让孩子真正长大成人。他们需要挑战的并不是踮起脚尖也够不到的目标，而是有意义的突破。就像波·布朗森和阿什利·梅里曼在他们的《关键教养报告》中写的那样，虽然劝人“再试一次”像是老生常谈，但事实上那些坚韧的人“遇到挫折时更容易重新站起来，在长时间都没有实现目标的情况下不轻易放弃”。他们还分享了神经科学研究的一项新成果：那些更容易坚持的人，在遇到困难时大脑的某个回路会被激活。为了让这个大脑回路保持畅通，父母不应该阻拦孩子体验挫折。总是轻而易举就能获得成功，对孩子并无益处。

自信，也是成功的关键要素。这个世界上有许多“莫扎特”和“爱因斯坦”，但他们最终没有留下印迹，这是因为他们缺乏自信，没能把自己的见解分享出去。就像我们之前说的，许多人的自信来源于成功或失败的结果。但真正自信的人，会抛开对结果的担心，勇于迎接挑战、承担风险。

除了承担风险、执着坚持、积累自信，高强度打闹游戏还有益于孩子的身体健康。高强度打闹游戏可以帮助他们降低肥胖的风险，这一点无须多说。除此以外，运动游戏中肌肉的不断收紧和放松，还是对孩子力量和柔韧性的很好训练。一项以孩子为对象的长期研究表明，高强度打闹游戏的核心技巧——跳跃，关系到孩子骨骼中矿物质的含量。孩子跳得越多，骨骼就越强健。而强健的身体素质，会让孩子在成年后都一直受益。

高强度打闹游戏对孩子心理成长的意义，同样不可忽视。安东尼·佩列格里尼曾说，在激烈的打闹游戏中，父母和孩子一起调整到同一频道的过程，能够让孩子逐渐学会读懂别人的情绪和信号。

高强度的打闹游戏，特别适合情绪、动作激烈的孩子。你的孩子和别人打招呼时会用力拍别人吗？他是不是说话声音大、动作快、爱搞破坏？他是不是好斗，总喜欢制造冲突、和人打架？试试本章推荐的游戏吧，你会看到立竿见影的效果。当孩子对激烈活动的需求被打闹游戏满足后，他就会安静些，不再那么狂躁。

本章的游戏，强度较高，存在一定风险，但却是值得尝试的挑战。如果你本身也是喜欢刺激的人，一定要和孩子调到同一频道，以确保安全。虽然这听上去有点儿冒险，但记住，真正的安全来源于常识和知识。这是科恩在他女儿 3 岁时明白的一个道理。

有一天，艾玛湿着脚，却想站在浴缸的边缘上走来走去，她把这当成平衡练习。科恩告诉她"不可以"，因为这样不安全，但他一转身，艾玛就爬了上去，幸好艾玛掉下来时科恩一把抓住了她。艾玛大哭，停下哭后说的第一句话是："都是你的错！"科恩不耐烦地解释说，他已经警告过她太滑、太危险。

艾玛的回答完全是一个 3 岁孩子的逻辑："我一出生，你就应该知道我会这样做的！"多年后，一提到这句话，科恩和艾玛仍然会大笑不止。虽然这个逻辑听上去蛮横无理，但艾玛的确说出了一个重要的事实，那就是：我们都应该知道，孩子的天性就是不断尝试、探索、挑战界限。

我们不可能预测和阻止任何意外的发生，但只要够警觉，大多数时候我们都能向孩子伸出援手。换句话说，如果说安全来源于知识，那么这个知识也包括，预测到孩子那些让我们感到意外的行动。就像艾玛说的，孩子的天性就是探索未知。

在长大的过程中，大部分人都学会了先观察再行动。这没有错，只是别忘了"行动"这一步。《花生漫画》的作者查尔斯·舒尔茨曾说："人生就像 10 速自行车。有一些齿轮，大部分都没有用过。"下面推荐给你的游戏，就是让你试试从未用过的一些齿轮。

高强度打闹游戏的基本技巧

跑 也许你不知道，通过练习你可以跑得更快。引导孩子注意和优化下面 4 个环节：抬高膝盖，向前伸腿，向前摆臂，尽量减轻脚跟击地的力量。

跳 屈膝微蹲，然后整个身体向上冲，手臂极力向上伸展。很多人没有意识到，手臂的动作对跳跃高度影响很大。另外，水平向前跳之前，助跑能帮你跳得更远。

落地 如果从 1 米以内的空中落下，只要屈膝稍作缓冲即可。如果高于 1 米，请参考“杰罗尼莫”（见 172 页）。

滚 可以分散冲击力的最好方法是肩翻滚：屈膝，头偏向一侧，手或手臂贴地，以肩为支点滚动。翻滚动作熟练后，头始终不会碰地。

阶梯挑战赛

适宜年龄 | 3 岁以上
难度等级 | 低
基本技巧 | 落地

这个名字来自欧洲最长、最宽的阶梯：西班牙阶梯。

这个游戏是要你和孩子在楼梯上探索打闹游戏的无限可能。让孩子从台阶上跳下来（一般不要超过 6 级，从 2 级或 3 级开始，逐渐提高难度），跳进你怀里或者跳到一堆沙发垫子上。

等你们练熟了向下跳之后，再试试向上跳。跳之前，先助跑，看看你和孩子分别能跳几级。来个比赛也未尝不可。或者孩子坐在你脚上，抱住你的腿，你使劲儿往上跳，看能跳几级？跳到最高那级台阶后，让孩子趴着从楼梯上滑下来，她肯定会特别开心。至于你呢，恐怕不愿轻易尝试，除非楼梯上铺了厚厚的地毯。

孩子可以从第2级或第3级台阶往下跳，然后逐渐增加高度，最多不超过6级。

蜘蛛侠

适宜年龄 | 8 岁以上
难度等级 | 中
基本技巧 | 跑

就像蜘蛛侠可以飞檐走壁一样，孩子也可以在你的帮助下飞上墙。

在距离墙壁 10 米左右的地方，向墙壁冲刺跑去，路线与墙壁呈 30 度夹角，而不是直接面向墙壁跑去。动作的关键是速度，所以要留出一段足够长的助跑距离，这样到达墙壁时才能有足够的速度。一到墙壁处，立即向墙壁对角线的方向飞跑。最开始，你可能跑两三步就会掉下来，但是随着不断的练习，就能跑 4 步了。孩子尝试时，你可以站在墙边，托住她的腋下或屁股。你们最好穿上鞋底摩擦力较大的网球鞋。

游戏变形：沿着墙根跑几步后跳起来，靠近墙壁的脚往外蹬墙，身体向反方向弹出，最后落地。

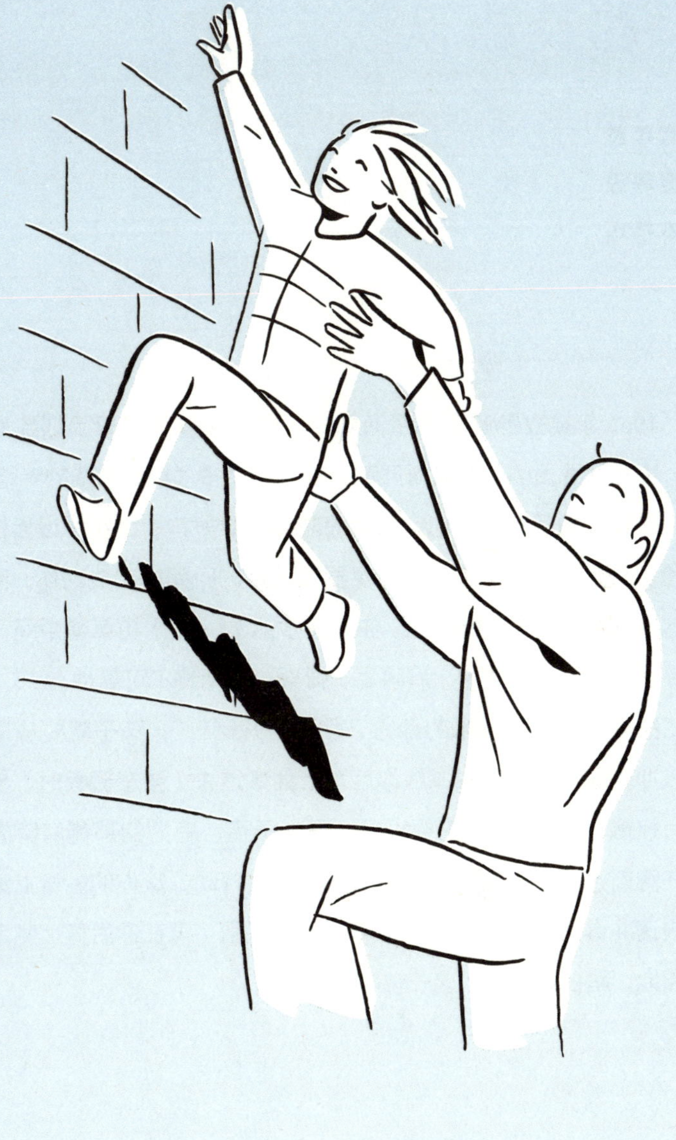

托住孩子的腋下或屁股，让她飞得高一些。

海豹突击队

适宜年龄	10岁以上
难度等级	中
基本技巧	滚

1962年成立的美国海军海豹突击队，被誉为世界上训练最严格的一支部队。突击队成员的筛选非常严苛，需要通过多项身体技能的考验才能留下来。

在我们的游戏中，你也将像海豹突击队一样，为孩子设置技能考验。这项考验由一系列动作组成，孩子需要在规定的时间内完成动作。最好找一处有沙滩的湖边（或柔软的地面），你站在沙滩上，在水和草地中间，蹲下身体，手和膝盖着地。上身微抬，肩膀高于臀部，手始终不可离地。

孩子躺在离你几米的地方，你喊“开始！”，孩子就要从草地上跳起，然后以冲刺速度向你跑去，从你后背上翻滚过去（孩子侧翻时，与你的整个后背都有接触）。孩子翻滚的要领是，更加灵活、有力的那侧肩膀放松，同时手臂抱在胸前，往反方向用力，带动整个身体滚动。从你的后背上滚下后，孩子接着快速冲进河里，游出一段距离，然后返回，再在你后背上侧滚翻，直到他回到原地，趴在草地上，这一轮的挑战结束。

手臂抱在胸前，往反方向用力，带动整个身体滚动。

猫跳

适宜年龄	10 岁以上
难度等级	高
基本技巧	跳

跑酷是一项训练人超越障碍物（如建筑物）的运动。而猫跳，就是跑酷爱好者翻墙或跳上墙时会用到的动作。

选择一面矮墙，孩子纵身一跳就能摸到墙头。一般孩子跳跃的高度比他的身高高出 60~90 厘米。让孩子以冲刺速度直接向墙面跑去，在距离它 1.5 米的地方向前、向上跳跃。两只脚依靠摩擦力停在墙面的同时手抓住墙头，然后借助手和腿的力量撑坐到墙头上。

在冲刺之后，与墙面还有一点儿距离的地方，孩子会在惯性的作用下继续向前冲，但问题是他还有一个更大的本能反应：越接近墙面，越放慢速度。所以，你要帮助孩子克服本能反应，因为速度和速度带来的动力是完成这个动作的关键。孩子稳稳搭在墙上之前，你应该站在墙根处辅助和保护孩子。另外，找一面高点儿的墙，你自己也试一试吧。

孩子要克服放慢速度的本能反应，因为速度是成功的关键。

杰罗尼莫

适宜年龄 | 12 岁以上
难度等级 | 高
基本技巧 | 落地

杰罗尼莫（Geronimo）是一位勇猛的阿帕奇族印第安勇士。第二次世界大战中，一位名叫奥博利·艾伯哈（Aubrey Eberhardt）的伞兵了解杰罗尼莫的事迹后大受感动，第二天跳伞时大叫这位勇士的名字给自己加油。从此以后，大家都开始仿效艾伯哈的做法，从高处跳下（比如跳伞、跳水坝）时大叫“Geronimo！”。

这个游戏中，你和孩子（必须在 12 岁以上）从不高于 3 米的屋顶上跳下。下面是一些高空跳落时的注意事项和技巧。

- 腿脚并在一起，下落时双脚着地，以免单脚着地时承受的冲击力过大。
- 屈膝，缓冲落地时的冲击力。笔直落下时双腿承受的冲击力是屈膝时的 36 倍。
- 落地时肩膀着地，接着侧翻。这样可以加大落地时人和地面的接触面积，以此缓解冲击力。
- 和孩子轮流跳。错开跳下的时间，防止大家碰撞在一起。
- 借助树或梯子等安全的方式登上高处，避免爬高时受伤。
- 先从低矮的地方练习跳落，技巧熟练后再换成高处。

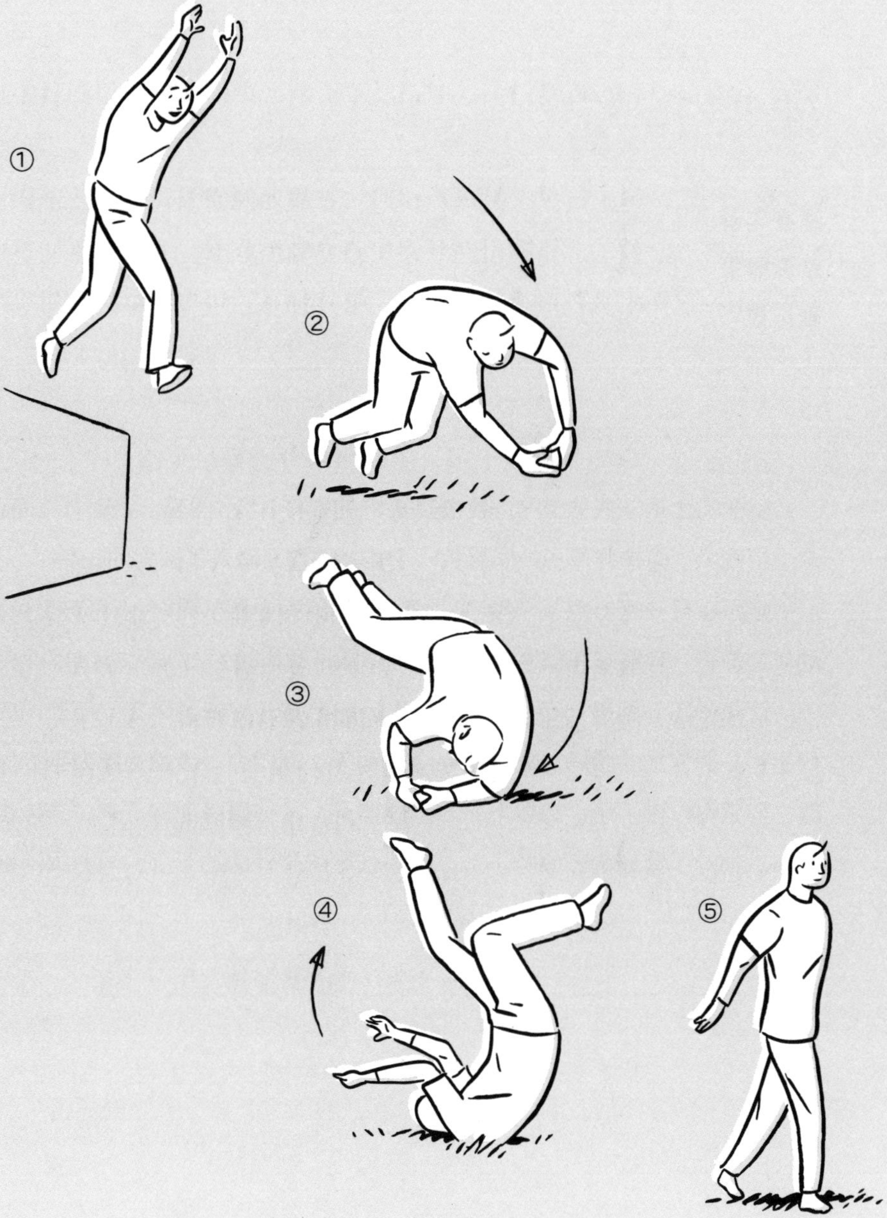

从高处跳下之前，先在平地上练习肩膀侧翻。

摇摆托举

适宜年龄	10 岁以上
难度等级	高
基本技巧	落地

就像爵士第一夫人艾拉·费兹杰拉唱的那样："不摇摆，还有什么意思！"这个游戏中，你将和孩子共同挑战一个舞蹈动作：融入了摇摆的托举。

你可以打开有一点儿节奏感的音乐，如果有摇摆乐更好。在你们熟练这个动作之前，一旁最好有辅助者，尤其是做翻滚动作时。

让孩子向你跑来，在距离你 1.5 米远的地方开始做手倒立。与此同时，你伸出手，握住她的腰胯，把她上半身翻起来，面向你。当她的腿架到你肩膀上时，你就可以松手了。她要下来时，腿撤开，从你肩膀上撤下来，身体也随之下滑。她的手臂环绕在你脖子上，你抓住她的腰辅助她下落，同时缓冲她落地的冲击力。

在你们熟练这个动作之前，一旁最好有辅助者，尤其是做翻滚动作时。

撑物跳

适宜年龄 12 岁以上
难度等级 高
基本技巧 跳

跑向一张长椅（或形状类似的东西），手掌撑在上面，身体弯曲，腿向上抬，从身体一侧跨过长椅。跨越障碍物时，前胸正好面对它。如果孩子先学习这个动作，你要在他撑起自己身体的地方看着他。这个动作也可以靠单手完成（依靠力量更大的那只手），不过这对力量和灵活性将是更大的考验。

游戏变形：从障碍物正上方跨越过去。这个动作也来自跑酷运动，可以用来跨越大部分与腰同高的障碍物。从几米开外的地方跑向矮墙或者其他障碍物，手臂前伸，略比肩宽，这样你的手就比身体先碰到障碍物。双腿蜷曲，依靠手部支撑的力量，让它们向前伸，完成翻越。整个动作中，主要依靠手和手臂的支撑力推动身体其他部位翻越障碍物。

①

②

身体弯曲，抬起双腿，翻越到障碍物另一边。

超能狗

适宜年龄	7~10 岁
难度等级	高
基本技巧	跑，落地

超能狗，是一个备受欢迎的迪士尼卡通角色。它拥有的超能力让孩子们心生向往。而这个游戏恰好能让孩子体验一下一连串高难度动作带来的速度感和成就感。

游戏需要一个大垫子和一位辅助者。最好在户外进行，准备一个可以弄脏的旧垫子（我们喜欢留一个专门在户外玩的垫子）。你背对垫子，站在它的边缘外侧。孩子以冲刺速度向你跑来，当她距离你 1.5 米远时，手撑地做手倒立动作。你紧接着把手扶在她腰胯下方，然后在旁边辅助者的帮助下，将她上身拉起，直至她越过你的头顶腾空跳起，最后双脚落在垫子上，向前翻一个筋斗，分散落地的冲击力。

这个游戏离不开一位辅助者和一块大垫子。

有关高强度打闹游戏的真实故事

利奥是一个胆小的男孩，曾经在幼儿园时经历过一些痛苦的事情。他的父母告诉科恩，他对成年人彬彬有礼，对妹妹呵护有加。当利奥被父母带来见科恩时，他最想知道的是缓解焦虑的方法。科恩教给他的技巧起了一定作用，但真正的突破发生在科恩去他家时。刚开始，利奥玩时非常安静、小心、有条不紊，但科恩没有让这样的状态持续太久，慢慢地，他开始让游戏变得有活力，让利奥变得粗蛮一些，而不是那么小心、严肃。一开始，科恩把火车头从精心搭建好的铁轨上撞下来，接着又不停地用自己的火车去撞击利奥的火车。很快，利奥和科恩围着屋子追跑起来，一边叫一边笑。直到利奥兴奋得乱扔火车，朝妹妹吼叫，科恩才想办法让节奏放慢、气氛缓和下来。

利奥的父母看到这一幕后非常震惊。他们从没看到利奥（以及科恩）的这一面。像很多容易紧张、焦虑的孩子一样，利奥担心自己生气时会失控，变得非常可怕，充满破坏性。他只有在别人的认可和鼓励下释放一部分本性，变得“野蛮”一点儿，才知道自己和所有孩子一样，都有攻击的本能。就连他的妹妹也非常享受哥哥的这种改变（尽管哥哥开始变得会嘲笑她，或者抢走她的东西）。她一直非常喜欢疯闹的游戏，现在终于可以说服哥哥和她一起打打闹闹玩了。而利奥的父母这才惊奇地发现，一直以来乖巧懂事的儿子心里竟隐藏着这么大的爆发力，当然他们很乐于看到这种改变，以及改变带来的好处。

和利奥一样，潘妮也是一个小心谨慎的孩子。涂颜色从来不出界，不冒险，不弄脏自己，看见别人疯闹时从不加入……她的爸爸乔治担心，女儿会因此错过生活中的许多乐趣，所以他尝试过各种威逼利诱的办法，但不出所料，这些办法都没有奏效。

乔治可不是一个轻言放弃的爸爸，在他不断尝试新方法的过程中，有一天他终于“意外”地成功了。潘妮坐在沙发上看书，乔治路过时对她说：“小心！你可别从沙发上掉下来了！”没想到这句话让潘妮咯咯笑起来。为了不让敏感的女儿觉得爸爸在嘲笑她，乔治满脸堆笑，这样潘妮就知道爸爸是在和她开玩笑、闹着玩。

接着，潘妮从沙发上站起来，乔治一直跟着她，还一边说：“啊？不会吧！你要自己走路？万一跌倒怎么办？我都不敢看！”他用手蒙住眼睛，所以倒是他自己走路时跌跌撞撞的。潘妮看爸爸这样，于是变本加厉地尝试更“危险”的事情，好让爸爸吓得尖叫。比如她上下楼梯时，乔治就用精湛的演技夸张表现出他害怕女儿遇到危险的样子。很快，她就坚持从楼梯上跳下来，扑进爸爸的怀里，或者在沙发背上走来走去。所有这些，都为父女俩带来了许多笑声。当潘妮加大挑战难度偶尔不小心失手时，乔治也在一旁及时保护她，这让她慢慢觉得自己也能冒险。后来，乔治惊喜地发现，女儿的冒险精神竟然延伸到运动以外的地方，比如画画、写作、社交。

这样玩过几次之后，乔治开始向安东尼讨教更多高强度打闹游戏的玩法。有一次，安东尼发现潘妮因为克服了对跳跃的恐惧而感觉非常自豪，于是他向乔治推荐了几个相关的游戏，而其中潘妮最喜欢的就是“蜘蛛侠”（见 166 页），她花了很长时间来练习这个动作。

和利奥、潘妮不一样，丹尼尔并不是小心谨慎的孩子，但他却有一个小心谨慎的爸爸。丹尼尔喜欢探险，但他的爸爸杰罗姆却总喜欢在一旁不断地提醒“小心！”有一天在公园里，杰罗姆又提心吊胆地陪在儿子身边，旁边一位妈妈看见后，对他说：“他在上面爬得很稳啊，一点儿问题都没有！”杰罗姆心想，谁爬这么高会稳当啊？当他打算把那位妈妈的话当耳边风时，他认真看了儿子一眼。他发现，真的，丹尼尔每一步都走得非常平稳。他把担心艰难地吞下肚子，然后问丹尼尔：“能不能爬得更高些？”丹尼尔信心满满地叫道：“可以！”杰罗姆又问：“要不要我上去帮忙？”丹尼尔回答：“不用！”

现在，他们父子俩都是狂热的攀岩爱好者。自从杰罗姆接受了丹尼尔爱冒险的性格后，他就意识到自己也许应该尝试一下曾经让他害怕的那些事情。所以他开始练习攀岩，并且尽快把这项运动介绍给了丹尼尔。如今，他们可以一起享受更多的乐趣，而玩耍方式的狂野程度超过了杰罗姆之前的任何想象。

很可惜，他们家附近没有“冒险乐园”。也许你家附近也没有，因为这种设施远没有它应有的那么普及。“冒险乐园”始建于 20 世纪 40 年代。一位丹麦景观设计师发现，孩子们更喜欢一堆胡乱堆放的废木料和瓦砾，而不是他精心设计的游乐设备。后来这种游乐场在欧洲流行起来。孩子们在里面可以搭城堡、建树屋、挖坑烧火……几乎所有他们平时不被允许做的事情在这里都可以做。这种玩耍方式和高强度打闹游戏背后的宗旨完全一致。

有一天，马里奥来向科恩求助，因为他和继子鲁迪之间好不容易建立起来的亲密关系最近遇到了问题。他无法再和鲁迪建立联结，也不能把他从电子屏幕前拉开。与之前能在一起打打闹闹（这也是他们第一次见面时做的事情）不同，他们现在不是争吵，就是和对方保持距离。马里奥值得夸奖的地方在于，他想改变现状，并且认为并非都是鲁迪的错，所以他才想主动做些什么。

科恩的建议是，既然鲁迪已经长大了，他们俩完全可以头脑风暴一下：两个人都爱做的事情是什么？马里奥想不出任何事情，所以很快否决了科恩的提议。他离开科恩办公室时非常沮丧，而科恩也没有期待能从他那里听到好消息。没想到几天后，马里奥给科恩发了一封邮件，说他在回家的路上突然想到一个“绝妙的主意”。他向鲁迪提议说：“你想不想学会高空落地的技术？这样你就可以从车库顶上跳下来了。”等鲁迪妈妈回到家时，只见鲁迪大叫一声从车库上跳下来，做了一个完美的“翻滚落地”，然后和继父拥抱了一下，又爬上树，跳到车库顶上。鲁迪的妈妈说，如果不是看到那个拥抱，她恐怕要吓得尖叫了。

几个月后，科恩再次收到马里奥的邮件。因为这个游戏，他不仅拉近了和鲁迪的关系，他们一起冒了许多险，而且还有意外的收获。以前鲁迪遇到困难时很容易放弃，但这个高空落地的动作太让他着迷了，以至于他愿意反复练习，直到把动作做到最好。这也是为什么我们把“坚持”列为高强度打闹游戏带来的核心价值之一。

我们都知道，当我们养育了一个好动、精力旺盛的孩子时，如果我们总对他说“不”，他会变得非常沮丧和叛逆，我们的心情也会因此变得不好。所以，不如换个方式，让孩子在游戏中充分展现他的优点：力量强大、精力旺盛、勇敢无畏，同时强化他的技巧，鼓励他努力练习、集中注意力。换句话说，就是玩高强度的打闹游戏。

要记住，“和孩子一起玩”是关键环节。如果马里奥对他的继子说：“你为什么不从车库顶上跳下来呢？”鲁迪肯定学不到安全落地的方法，而马里奥和鲁迪妈妈的关系恐怕也要出问题。但是，如果和孩子一起玩，就会有完全不同的结果。

有一些孩子并非有多动倾向，但出手总是很重。比如，和别人打招呼时使劲拍对方，或者用身体碰撞对方。他们说话声音大、动作快、莽撞，对“不”字反应激烈……他们常被误诊为患有注意缺陷多动障碍（ADHD），但他们需要的不过是尽情释放精力的活动，比如高强度的打闹游戏。“疯狂的枕头大战”就很适合他们，准备好又大又柔软的枕头，然后对打。这些孩子还喜欢被毯子包裹得紧紧的感觉，这样能带来安全感。他们还喜欢滚来滚去，或者你抱着他们满屋子跑。“撑物跳”（见 176 页）和“超能狗”（见 178 页）这两个游戏也非常适合他们，因为他们可以从中体验到高速、强大的力量对抗。有的父母对于“鼓励孩子玩高强度游戏”感到不安，但与其让孩子自己莽撞尝试，不如你接纳他这一点。参与进去，反而更能保证他的安全。

要想激发孩子（以及我们自己）的自信与坚持，一个很好的办法是设置“挑战时光”。想出一件对孩子来说有一定难度的事情，比如爬树、卸掉辅助轮、跳着跨越一条小溪……鼓励孩子挑战的同时，在旁边为他加油，给他提供积极的支持和鼓励。最后，要公平！让孩子也为你设置一项挑战（本章推荐的游戏中至少有一款适合你）。去吧，勇敢地尝试一下！

后记

打闹游戏的精髓

如果说游戏能拯救生活，这绝非夸张。

起码，它确定无疑地拯救了我的生活。

没有游戏，我们不过就是一切以生存为目标的机器人。

只有游戏能搅动这沉闷的生活。

它是所有艺术、比赛、书籍、运动、电影、时尚和奇迹的根基。

简言之，是一切我们称之为“文明”的基础。

游戏是生活的根本意义之一，它让生活变得生机勃勃。

——

斯图尔特·布朗（Stuart Brown），

《游戏》（*Play*）

打闹游戏的艺术，就是有身体互动的、喧闹的游戏的艺术。当孩子热情逐渐高涨，肢体动作越来越多时，你就知道你们正在渐入佳境。这种看似喧闹的游戏，其实完全不同于多动或攻击行为。孩子眼中闪烁的快乐，动作中呈现的活力和激情，以及对更多身体接触的渴望……都在向你传递孩子的真实状态。在高质量的打闹游戏之后，孩子总是表现得非常快乐、满足、寻求联结、乐于合作。在打闹游戏中，你向孩子传递的信息是，你非常愿意和他保持深层联结，同时也希望他在安全和冒险、竞争和合作、勇猛和温和之间掌握平衡。

跟随这本书玩下来，你和孩子都能收获勇气和自信，在各种游戏和互动中更加信任对方。玩打闹游戏的过程中，孩子的团队合作意识得到加强，健康的竞争意识逐渐形成，他们变得更加灵活，更容易与人建立联结。孩子拥有了更强的想象力、创造力、解决问题的能力以及讲故事的本领。你也通过不断的练习，学会了更好地保护孩子，而不是用严苛的规则和禁令限制孩子的活动。最后，你们在高强度的打闹游戏中，不断站在临界点上自我挑战，并因此收获了坚持、自信和勇于承担风险等品质。

但是现在，请你忘记这一切。

打闹游戏的真正精髓在于：快乐与爱。本书开篇时曾经谈到“快乐”，那么现在就让我们以“爱”来结束这本书。

这个世界上，没有任何行为能像充满活力的身体互动游戏那样，传递出亲子之间深深的爱与喜欢。如果孩子年幼时心中填满了这种感觉，那么将来一定会愿意和我们继续保持亲密又深刻的联结。这一点，对于那些在成长过程中没有机会练习照顾别人的爸爸来说尤为重要。从你第一次把孩子荡向空中，看见他迷人的微笑，到你们同心协力完成高难度打闹游戏，你和孩子会在这个过程中一起发现亲密、温暖、联结……这些充满爱的深刻感受。

而这，比什么都重要。